高铁文化元素融合与实践

——上铁地产企业形象与产品线创新

徐 益 孙 雷 武金料 著

·上海·

图书在版编目(CIP)数据

高铁文化元素融合与实践：上铁地产企业形象与产品线创新 / 徐益，孙雷，武金料著. —上海：同济大学出版社，2024.8
ISBN 978-7-5765-1168-0

Ⅰ.①高… Ⅱ.①徐…②孙…③武… Ⅲ.①房地产企业－企业文化－研究－上海 Ⅳ.①F299.233

中国国家版本馆CIP数据核字(2024)第105249号

高铁文化元素融合与实践——上铁地产企业形象与产品线创新
GAOTIE WENHUA YUANSU RONGHE YU SHIJIAN

徐 益 孙 雷 武金料 著

责任编辑 陆克丽霞　**责任校对** 徐春莲　**封面设计** 王 翔

出版发行	同济大学出版社　www.tongjipress.com.cn (地址：上海市四平路1239号　邮编：200092　电话：021-65985622)
经　销	全国各地新华书店
排　版	南京文脉图文设计制作有限公司
印　刷	上海安枫印务有限公司
开　本	787mm×1092mm　1/16
印　张	10.25
字　数	224 000
版　次	2024年8月第1版
印　次	2024年8月第1次印刷
书　号	ISBN 978-7-5765-1168-0
定　价	96.00元

本书若有印装质量问题，请向本社发行部调换　　版权所有　侵权必究

前言

展中国速度,擎产业大纛,固国富民,开辟蒿莱。高铁是中国经济腾飞的代表性符号,是社会主义新文化建设和文化自信的重要组成。"高铁+"已成为热点和新时尚。当前,对高铁文化的内涵构建和外延拓展是政府、学术、产业领域的一项重要课题。本书以"高铁"这一中国文化的新名片与上海铁路地产置业集团有限公司产品线的融合创新为核心内容,以地产企业的视觉全方案设计作为高铁文化与地产企业交汇的载体,以典型案例切入,试图建立具有普适性和推广价值的技术规范,在地产领域品牌打造与产品创新方面具有明确的理论创新意义和产业应用价值。

本书的主要素材源于上海铁路地产置业集团有限公司科研课题"高铁文化与房地产产品融合发展研究"的研究成果及相关产业实践案例。

本书通过展示高铁文化与上海铁路地产置业集团有限公司产品线融合创新的发展途径,从品牌理念、定位、风格、核心价值和愿景等多个维度体现高铁文化内涵。本书主要内容包括:

(1) 高铁文化概述及元素融合探索;
(2) 地产企业文化与企业形象分析及实践;
(3) 地产主题性雕塑分析及实践;
(4) 地产导视系统分析及实践;
(5) 地产景观小品与设施分析及实践;
(6) 地产建筑公共区环境分析及实践。

本书以系统的理论阐述,结合细致的实地考察,辅以具体鲜活的案例分析,将逻辑演绎与案例分析巧妙结合,使理论研究与产业实践相得益彰。本书内容翔实丰富,观点独特新颖,并辅以大量实践案例图片,图文交映生辉,展现出较强的实用性。本书可为相关领域的企业管理者提供宝贵的借鉴经验,亦可作为员工培训及专业领域研究实践的参考指南。

著者
2024 年 7 月

本书参与单位及人员

参与单位

上海铁路地产置业集团有限公司

参与人员

王　成	梅程曦	任慧丽	冯文成	蒋洁萍
张　进	刘新华	况开泰	袁心羽	崔博强
周夏龙	邵　伟	陈梓铨	胡炳刚	忻晓颖
毛国卫	瞿家戬	颜　正	杨　涵	李　慧
叶根先	周　敏	马小飞	何　军	洪　流

目 录

第1章 时代印记 文化名片——高铁文化概述及元素融合探索 001
1.1 高铁文化概述 001
1.1.1 高铁的起源与历史 001
1.1.2 高铁文化的内涵 002
1.1.3 中国高速铁路的发展及中国高铁文化 004
1.2 高铁文化的元素构建 008
1.2.1 高铁文化关联元素 008
1.2.2 基于AHP的高铁文化元素重要性评价 009
1.2.3 高铁文化关联元素多层级体系构建 011
1.3 高铁文化元素与上铁地产产品线的融合探索 014
1.3.1 高铁文化核心元素分析及元素转换 014
1.3.2 融合思路及原则 016

第2章 价值核心 形象旗帜——企业文化与企业形象 019
2.1 企业文化与企业形象概述 019
2.1.1 企业文化的定义及内涵 019
2.1.2 企业形象的定义及内涵 020
2.1.3 企业文化与企业形象的关系 022
2.2 企业形象的构成及功能 023
2.2.1 企业形象构成要素 023
2.2.2 企业形象识别系统功能 024
2.3 高铁元素融入企业形象过程 024
2.3.1 融合原则 024
2.3.2 融合过程 025
2.4 高铁元素融合上铁地产企业形象实践 026
2.4.1 上铁地产企业品牌标志 026
2.4.2 产品线形象融合高铁元素思路 027
2.4.3 产品线LOGO 028

第 3 章　精神灯塔　以形传蕴——主题性雕塑 ···········038

3.1　主题性雕塑概述 ···········038
- 3.1.1　主题性雕塑的定义及内涵 ···········038
- 3.1.2　主题性雕塑的意义及价值 ···········039
- 3.1.3　主题性雕塑的历史与发展 ···········040

3.2　主题性雕塑的内容及分类 ···········041
- 3.2.1　内容与分类方式 ···········041
- 3.2.2　主题性雕塑分类 ···········041

3.3　高铁元素融合主题性雕塑过程 ···········047
- 3.3.1　融合原则 ···········047
- 3.3.2　融合过程 ···········048

3.4　高铁元素融合上铁地产企业主题性雕塑实践 ···········050
- 3.4.1　融合背景 ···········050
- 3.4.2　"复兴之轮"主题性雕塑 ···········050
- 3.4.3　"复兴之路"主题性雕塑 ···········053
- 3.4.4　最终成果融合呈现 ···········056

第 4 章　视觉先导　方向指引——导视系统 ···········061

4.1　导视系统概述 ···········061
- 4.1.1　导视系统的定义及内涵 ···········061
- 4.1.2　导视系统的意义及价值 ···········062
- 4.1.3　导视系统的历史与发展 ···········064

4.2　导视系统的内容及分类 ···········064
- 4.2.1　导视系统内容 ···········064
- 4.2.2　导视系统分类 ···········065

4.3　高铁元素融合导视系统过程 ···········069
- 4.3.1　融合原则 ···········069
- 4.3.2　融合过程 ···········071

4.4　高铁元素融合上铁地产企业导视系统实践 ···········072
- 4.4.1　融合背景 ···········072
- 4.4.2　融合实践 ···········075
- 4.4.3　最终成果融合呈现 ···········082

第 5 章　精雅妙趣　臻于细节——景观小品与设施 ···········090

5.1　景观小品与设施概述 ···········090
- 5.1.1　景观小品与设施的定义及内涵 ···········090

		5.1.2 景观小品与设施的意义及价值	092
		5.1.3 景观小品与设施的历史与发展	092
	5.2	景观小品与设施的构成要素及分类	093
		5.2.1 景观小品与设施的构成要素	093
		5.2.2 景观小品与设施的分类	094
	5.3	高铁元素融合景观小品与设施过程	095
		5.3.1 融合原则	095
		5.3.2 融合过程	096
	5.4	高铁元素融合上铁地产景观小品与设施实践	098
		5.4.1 融合背景	098
		5.4.2 融合实践	100
		5.4.3 最终成果融合呈现	119

第6章 匠心设计 至微体验——建筑公共区环境 122

- 6.1 建筑公共区环境概述 122
  - 6.1.1 建筑公共区环境的定义及内涵 122
  - 6.1.2 建筑公共区环境的意义及价值 123
  - 6.1.3 建筑公共空间的历史与发展 123
- 6.2 建筑公共区环境的内容及分类 124
  - 6.2.1 住宅建筑室外公共空间 124
  - 6.2.2 住宅建筑室内公共空间 127
- 6.3 高铁元素融合建筑公共区环境过程 131
  - 6.3.1 融合原则 131
  - 6.3.2 融合过程 132
- 6.4 高铁元素融合上铁地产建筑公共区环境实践 134
  - 6.4.1 融合背景 134
  - 6.4.2 融合实践 136
  - 6.4.3 最终成果融合呈现 149

结语——立足现在 展望未来 153

参考文献 156

第1章

时代印记 文化名片

——高铁文化概述及元素融合探索

1.1 高铁文化概述

文化是指一个社群、国家或地区在长期的历史演变中形成共同的价值观、信仰体系、行为准则、社会习俗、艺术创作、科学知识和技术等的综合体。它是人类社会发展的产物,通过社会交往和传承被人们共同遵循和共享。文化包含多层面的内容,如物质文化、精神文化、行为文化、艺术文化、科学文化等,其中的多种元素相互交织,共同构成了一个社群、国家或地区独特的文化特色和身份认同。

铁路行业蕴含着深厚的文化力量,贯穿着整个民族的文化发展。狭义的文化可以被定义为社会的意识形态,同时涉及与之密切相关的制度和组织机构。高铁文化特指由高铁运输的生产实践所衍生出的物质文化和精神文化的综合体。同时,高铁文化也是我国铁路在发展历程中不断积淀下来的历史产物,其在传承与发展过程中不断创新,是中华民族的宝贵财富。

1.1.1 高铁的起源与历史

高速铁路的发展已有百年历史,其萌芽可以追溯至19世纪末,普鲁士国家铁路联合数十家电力和工程公司在马林菲尔德至佐森长72 km的铁路线上进行首次高速列车试验;20世纪初,安装了西门子-哈尔斯克公司电力设备的轨道列车的试验速度达到了206.7 km/h,而安装了AEG公司产品的轨道列车的速度达到了210.2 km/h。不过,当时距离高铁真正开始实际应用还有很长的一段路要走。图1-1所示为世界范围内的高速铁路发展时间线。

20世纪50年代,美国交通运输的低效率与出行高需求之间的矛盾加剧,美国铁路协会开始酝酿高速铁路的建设。当时,根据速度需提至280 km/h以上、动力要分散、轨道要精准、高铁要成网这四个发展理念,准备在普韦布洛(Pueblo)建设高速列车试验研究中心。20世纪60年代,现代意义上第一条投入运营的高速铁路在日本建成。日本新干线的运营速度达到了210 km/h,开启了高速铁路的新纪元(图1-2)。

20世纪80年代,法国也开始了高速铁路建设,为了降低成本,仍采用动力集中、碎石道床等技术。法国的高速铁路其运营速度起点较高,达到270 km/h,后来提速至320 km/h。法国的高速铁路建成后不久,德国也开始了高速铁路建设。1991年,德国开通了两条高速

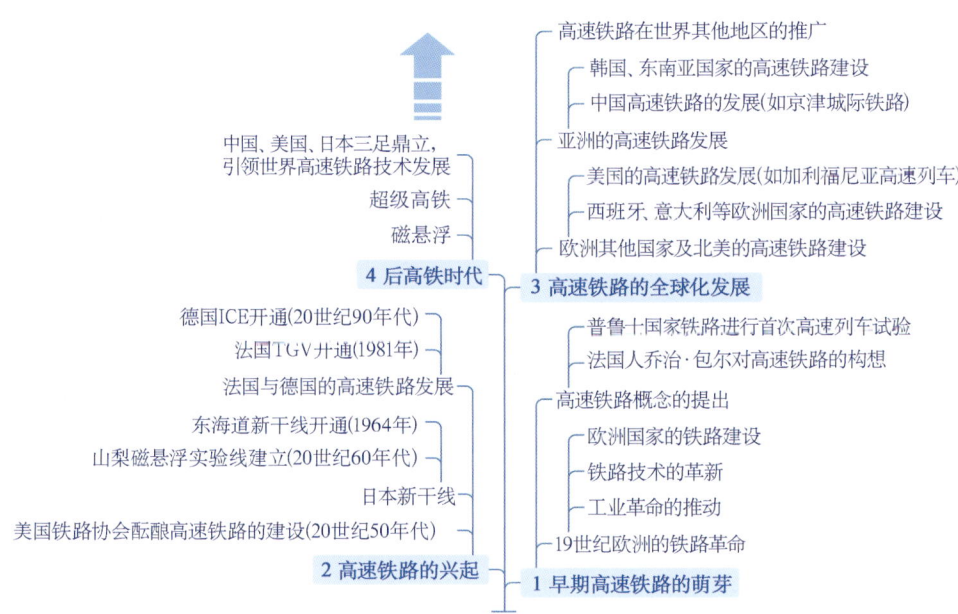

图 1-1　世界范围内的高速铁路发展时间线

图 1-2　日本新干线

铁路线路,列车最高运行速度达 280 km/h。德国是世界上第三个建成且使用高速铁路的国家。

中国幅员辽阔,资源分布相对不均衡。高效、快捷且运输成本低的铁路,无疑是优先发展且需求广泛的交通运输方式。1978 年,邓小平访问日本时乘坐了新干线列车,那时他便提出,中国很需要如此快速且高效便捷的列车。

作为中国基础设施建设的重要亮点,被誉为"金字招牌"的中国高铁以其集成能力、运行速度、建造成本等方面的比较优势而广受关注。随着"一带一路"倡议的提出,中国高铁输出承担起了新时代的使命,并逐渐走向世界舞台。

在新时代交通强国战略推进过程中,高速铁路已成为现代化的综合交通枢纽系统的主骨架,同时也是"一带一路"倡议的重要依托。当前,中国高速铁路不仅在路网、动车组、技术等硬实力方面持续快速发展,而且在精神、文化等软实力方面逐渐受到行业内外的关注。高铁文化作为构建整体软实力的重要组成部分,具有实现运营企业经济效益和社会效益的重要意义。

1.1.2　高铁文化的内涵

高铁文化是在特定的社会背景下,由铁路从业者创造出来的一系列物质和精神成果。它不仅体现了铁路行业独特的价值观,同样也反映出该行业的精神面貌。铁路从业者作为高铁文化创造的主体，对高铁文化的形成起到了关键作用。高铁文化通过有形的建筑和物品，以及由此带动的社会效益提升及包含的鲜明的铁路精神，展示出其独特之处，成为不可忽视的社会成果。由于中国高速铁路独有的行业特色，高铁文化被归类为行业文化，也可称之为高铁行业的企业文化。

高铁文化的内涵可分为物质文化和精神文化两个层面。其主体包括铁路相关企业职工以及被高铁文化所熏陶的普通大众。

高铁文化是融合了技术、经济、社会和价值观等多个层面的特有文化现象，其内涵是多层次、多元化的，如表1-1所列，具体体现在以下几个方面：

（1）高铁文化包含了技术和工程层面的要素。在高铁建设和运营过程中，强调科技创新、工程实践，以及对技术突破的不断追求，反映出高铁文化对先进技术和工程能力的高度重视，这是高铁文化最显著的内涵之一。

（2）高铁文化强调服务理念。注重客户体验，通过提供优质服务来提高客户满意度，使乘客感受到出行的便捷和舒适。

（3）高铁文化强调团队协作。注重工程技术人员与运营人员等多方人员的密切协作，共同致力于高铁事业的发展。

（4）高铁文化关注社会责任与环保。在运输方式上，高铁文化鼓励绿色出行，在建设和运营过程中采取一系列措施来减少对环境的影响，从而体现出可持续发展的关切。

（5）高铁文化促进国际交流与合作。通过技术输出、合资项目等方式，促进国与国之间的相互理解和行业交流。

（6）高铁文化着重体现文化自信、弘扬时代精神。在高速铁路的发展过程中，表达了对自身技术实力、管理水平和文化价值的自信，使其成为现代化进程中的一张"时代名片"。

表1-1 高铁文化的内涵

多元内涵	内容
技术与工程精神	高速铁路作为现代化交通工具，体现了先进的工程技术水平
	建设、运营高速铁路需要先进的工程技术和专业管理
服务与客户体验	高速铁路提供安全、高效、便捷、舒适的客运服务
	高速铁路注重客户体验，通过提供优质服务来提高客户满意度
团队协作	高速铁路运营需要各岗位人员的协作与配合
社会责任与环保	高速铁路作为一种公共交通工具，承担着社会责任
	高速铁路企业在运营过程中需要关注环保，减少对环境的影响
国际交流与合作	我国高速铁路的技术、管理和服务逐渐成为国际标准
	高速铁路企业需要加强国际交流与合作，推广高速铁路技术和文化
文化自信与时代精神	高速铁路代表着中国先进的技术和制造能力，体现了中国的文化自信
	高速铁路是时代精神的体现，反映了当代社会的需求和特点

任何文化的产生都离不开特定的生活载体及时代背景，高铁文化随着高速铁路的不断发展逐渐形成体系。高速铁路不仅改变了人们的出行习惯，而且为提升国家文化软实力提供了新方向。这种文化不仅仅是展现交通工具的快速和便捷，更多的是关于人们如何与这种交通工具互动，如何感受和理解这种全新的出行方式。

随着高速铁路的普及和发展，人们更加注重出行体验。高速铁路为人们提供了一个全新、高效、舒适的出行选择。同时，高速铁路系统的建立和发展是铁路技术的一项重大突破，不仅改变了人们的出行习惯和观念，使得人们在不同城市之间的流动更加方便快捷，也推动了城市化和区域一体化的进程。对于许多国家来说，高速铁路不仅是一种交通工具，更是国家发展的重要标志和战略载体，体现了国家在科技、工程和经济方面的实力及现代化进程。高铁文化对于推动社会进步、促进地域发展、加强文化交流等具有重要意义。同时，高铁文化在提升铁路企业的品牌形象、增强企业竞争力等方面也起着重要的作用。因此，有必要对高铁文化进行探索性研究，并在关联企业中精心打造和培育高铁文化，以提升企业软实力。

1.1.3　中国高速铁路的发展及中国高铁文化

1. 中国高速铁路

中国高速铁路是指在中国境内建成并使用的高速铁路，为当代中国重要的一类交通基础设施。高速铁路是铁路现代化的重要标志，具有快捷舒适、安全可靠、低碳环保、运载量大等优点，是集多种高新技术于一体的复杂巨系统，已在世界各国得到广泛重视。中国铁路通过大力推进原始创新、集成创新、引进消化吸收再创新，逐步建成了世界上运营里程最长、运营速度最快、年发送旅客最多、舒适性最好、具有完全知识产权的高速铁路线路网，取得了举世瞩目的成就。中国用短短十多年的时间走出了一条具有中国特色的高铁发展之路。

2. 中国高铁的崛起

中国高铁崛起的这 40 年向世人展现了从无到有、从制造到创造、从追赶到超越的历史性飞跃，这一发展历程大致可分为酝酿期、探索期、发展期和成熟期，如图 1-3 所示。

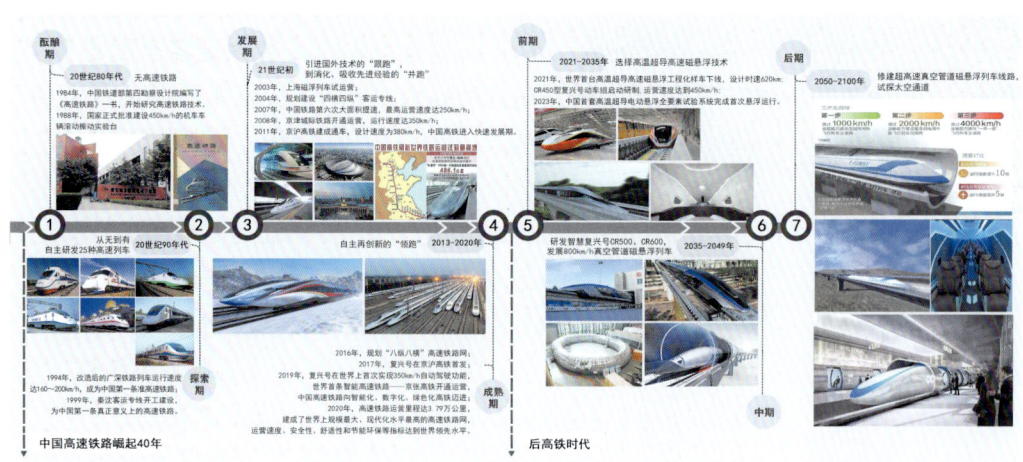

图 1-3　中国高速铁路发展历程

20世纪80年代,中国的高铁发展尚未开始,而日本已经在1964年开通了世界上第一条高速铁路——东海道新干线。这一阶段可以看作是中国高铁发展的酝酿期。

20世纪90年代,中国开始了对高速铁路的初步探索。1990年底,《京沪高速铁路线路方案构想报告》正式完成,这标志着中国高速铁路建设进入了初步探索阶段。1994年,中国开始着手改造广深铁路,将其改造为时速160 km的准高速铁路。从1999年到2002年,中国经历了国产动车组的研发高峰。与此同时,欧洲的高速铁路服务已于1991年开始。这一时期,中国的高铁发展相比国外而言尚处于初级阶段,但已经开始了重要的探索和尝试。

21世纪初,中国高速铁路正式进入建设和运营阶段,相比世界上部分高铁发达国家晚了20~30年。但由于具有中国特色的创新,中国高速铁路在相对短的时间内取得了迅速且重大的发展。2002年12月31日,上海磁浮列车示范运营线正式通车,设计速度为430 km/h,是中国首条高速轨道系统。

中国高铁真正的成熟期在2003年之后。2003年10月11日,秦沈客运专线全段建成通车,设计时速为250 km,运营时速为210 km,是中国第一条高速国铁线路。2007年4月18日,具有科技创新意义的全国铁路第六次大提速全面启动。这次大提速的重点线路是京沪、京广、京哈、京九、陇海、浙赣、兰新、广深、胶济等干线。车身白色的"和谐号"动车组第一次进入国人的生活,写进了中国铁路发展史,如图1-4所示。

图1-4 "和谐号"动车组

2008年8月1日,中国真正意义上第一条具有完全自主知识产权、国际一流水平的设计速度为350 km/h的高速铁路——京津城际铁路正式开通运营,标志着中国高铁新时代的开始。2011年6月30日,京沪高铁全线正式开通运营,它是当时中国开通运营的高速铁路中站点最密集、站间距最小、行车密度最高的一条干线。

图1-5 CRH380BL型动车组

2010年5月27日,CRH380BL型动车组诞生于中车长春轨道客车股份有限公司,如图1-5所示。这是由中车长春轨道客车股份有限公司研发的高寒型动车组,列车可满足零下40℃的低温运营需求,最高运行时速为380 km,是世界上首列能在高寒地区跑出时速300 km的动车组。其主要为中国东北高寒地区提供运营服务,是中国高速动车组研发的一个重大突破。

自2012年开始,中国铁路总公司集合科研院所、高校和国有企业等优势力量,积极开展时速350 km中国标准动车组的研制工作。2017年6月25日,中国标准动车组被正式命名为"复兴号"(图1-6)。中国标准动车组意味着我国高铁已经从当初的"联合设计生产"发展到由内到外的"纯中国研制"。"标准"二字意味着今后中国所有的高速铁路列车,只要是相同速度等级的车辆，无论是哪个工厂生产的产品，都能连挂运营、互联互通、相互替代，且不同速度等级的列车之间也能相互救援。

图1-6　"复兴号"列车　　　　　　图1-7　高温超导电动悬浮列车试验

截至2022年底，中国高速铁路运营里程达到了42 000 km，占全球高速铁路总里程的三分之二，稳居世界首位。

2023年3月31日，由中车长客自主研制的国内首套高温超导电动悬浮全要素试验系统完成首次悬浮运行(图1-7)。该系统能够实现自悬浮、自导向和自稳定。随着高铁技术越来越成熟，中国高铁产业积极面向未来进行预研，例如研发智慧"复兴号"CR500和CR600、发展时速800 km的真空管道磁悬浮列车、修建时速1 000~1 500 km的超高速低真空管道磁悬浮列车线路、探索太空通道等。

3. 中国高铁文化

"高铁精神"作为中国高铁文化的精髓，承载着爱国主义和自主创新的优良传统。"高铁精神"是时代发展的产物，以自主创新为核心，反映了中国在科技领域突飞猛进的成果。高速铁路的崛起离不开对技术的持续追求和创新实践，这与中国自主创新的时代潮流相契合，凸显了中国高铁文化的现代性和科技含量。同时，"高铁精神"还凝聚了爱国主义情怀，体现了对国家发展的责任担当。在高速铁路建设和运营过程中，高铁人付出了汗水、奉献了智慧，为国家的交通事业作出卓越贡献。这种爱国主义精神为高铁文化赋予了深刻的民族性。"高铁精神"不仅是高铁文化的灵魂所在，更是中国化的象征。在这一精神的引领下，中国高铁文化在发展中不断融入民族文化的精粹，呈现出独具特色的国家认同和文化自信。

(1) 百年红色基因赓续，是中国高铁文化的底蕴。从大革命时期到抗日战争、解放战争、抗美援朝战争，铁路人用自己的鲜血和生命展现了英勇、团结、牺牲、奉献的精神。这座伟大的丰碑孕育了无私无畏、团结拼搏的献身精神，追求正义、自由平等的民主精神，以及坚定信念、勇于奉献的奋斗精神。这种铁路文化是新时代中国高铁文化的土壤和底蕴，在构建社会主义和谐社会的今天，仍然具有时代意义，并成为激励我们铭记历史、不忘初心、继往开来的宝贵精神财富。

(2) 高铁建设初期的高铁文化。面对技术和工程上的巨大挑战，"高铁精神"体现为对先进技术的追求和创新意识。这一时期的中国铁路发展与"两弹一星"精神有着相似之处，都是在科技领域追求自主创新。高铁建设工人为了完成项目付出了巨大努力，工程师、技术人员和建设工人们通过紧密协作创造性地解决了一系列技术难题,展现出高铁文化中的集体主义和团队协作精神。

(3)发展运营阶段的高铁文化。随着高铁步入运营阶段,一系列关注旅客体验的措施被实施。例如,高铁员工在服务中需注重微笑、礼貌,推行文明旅行倡议,彰显高铁文化中注重客户体验的服务理念。注重客户体验,倡导文明旅行,使乘客感受到更高水平的便捷、舒适和安全,这与"抗疫精神"有共通之处,二者都关注了公众的健康和舒适。

不仅如此,随着高铁网络的不断拓展,高铁精神呈现出团结协作和集体主义的特征,这与"抗洪精神"相似,强调众志成城,共同奋斗。高铁人通过紧密协作,共同致力于高铁事业的发展。

(4)技术创新阶段的高铁文化。中国推出了"复兴号"等一系列高速铁路列车车型产品,展现了国家在高铁技术领域的强大实力。新技术的成功应用成为高铁文化中科技创新和工程品质的具体体现。

(5)国际交流阶段的高铁文化。随着"一带一路"倡议的不断推进,中国高铁逐渐走向国际市场,例如中国与巴基斯坦合作建设"中巴经济走廊"。中国高铁技术的输出体现了高铁文化中注重国际合作和文化交流的特点。

(6)环保可持续发展阶段的高铁文化。针对环保问题,中国高铁不断推出各种环保举措。例如,加强绿色技术应用、推动绿色出行理念,通过高铁文化推进可持续发展。这一特点与"载人航天精神"相呼应,都是在科技发展中关注环境和可持续性。

习近平总书记指出:"抛弃传统、丢掉根本,就等于割断了自己的精神命脉。""不忘本来才能开辟未来,善于继承才能更好创新。"培育和践行新时期铁路精神,我们需要始终不忘中国铁路精神的根在哪里,找到铁路人的情感认同,认清铁路人的价值归属,在新的征程中保持本色,时时处处彰显铁路人的风范和魅力。唯如此,才能真正做到不忘本、守住根。中国人民走过了筚路蓝缕、攻坚克难、开拓创新的历程,通过一件件、一桩桩的突破和创新,将代表着中国特色社会主义精神内核的高铁文化完整地呈现在世界面前。高铁文化包含了一代代建设者对于铁路优秀传统文化的传承与创新。在长期的铁路建设和发展实践中,铁路优秀传统文化基因在一代代铁路人中传承。其中,蕴含了国家利益为先的责任担当,"人民铁路为人民"的宗旨意识,兢兢业业的工作作风,自强不息、勇于创新的拼搏精神和无私奉献的优秀品质。高铁文化是中国文化的新符号,也是宝贵的精神财富。

4. 高铁文化的发展——以京张铁路的历史演变为例

京张铁路的历史演变代表了中国高铁从无到有,从有到强的光辉历程,是中国高铁文化和历史的一幅缩略图。

京张铁路是中国第一条自主设计、建设的铁路线路,在1905年开始建设阶段就反映出了铁路文化中的工匠精神和团队合作。铁路工程师们在艰难的条件下进行线路设计和建设,奠定了铁路文化的基石。

随着中国的改革开放,中国高铁引入了国际先进技术,提升了运输能力,体现了其在技术方面的发展以及自主创新,这也为京张铁路注入了新的生机。

新时期京张高铁以冬奥为舞台,展示了中国高铁快速高效、绿色低碳、以人为本的理念。北京冬奥会是一场国际性盛会,众多国际友人与国内人士共襄盛举。京张高铁作为运输服务的重要保障与支持,为各国参赛人员提供了温情、舒适、贴心的出行服务,在高铁运输的每个细节中彰显了以人为本的服务理念,给人以热情得体、如沐春风的感受。中国铁路历来有着"人民铁路为人民"的宗旨。一批又一批铁路先进模范人物在平凡的岗位上创造出了不平凡的业绩,不仅体现了高铁文化的丰富内涵,也不断升华着铁路人的精神追求。

随着高铁时代的到来,高铁文化更加注重服务理念、客户体验,并强调科技创新、团队协作等现代价值观,更加凸显国际视野,加强文化交流、互学互鉴,从而为推动铁路行业的全球化贡献了力量,同时也迎来了更广泛的国际认可,成为中国铁路对外合作的窗口。

1.2 高铁文化的元素构建

1.2.1 高铁文化关联元素

1. 概述

抽象和符号化的代表性元素是一种象征性的语言,它们具有象征和隐喻功能,同时具有独特的美学价值,能够传达特定文化、历史、社会背景下的意义和价值观。代表性符号对高铁文化的传播具有重要意义。

基于面向大众的文化传播功能,高铁文化代表性元素可分为人物元素、列车元素、环境与设施元素、周边与服务元素。

人物元素是高铁文化的基础主体。首先为高铁行业职员,如高铁司机、列车长、乘务员等。他们通过自身的行为和态度展现了中国高铁的优质服务和高效管理。另外,还包括重要人物、用户等。

列车元素是高铁文化的核心组成部分,包括列车的整体形象和局部元素,涉及整体外观、内部配置、局部零件等,它们直接关系到乘客的乘车体验和对高铁的评价。

环境与设施元素是高铁文化中不可或缺的一部分,包括高铁客站的建筑风格、环境卫生、安全设施等,反映了高铁的现代化程度和社会文明水平。

周边与服务元素也是高铁文化的一部分,包括与行程相关的周边产品、服务、技术元素等,其不仅为乘客提供了更多的便利和服务,也进一步提升了高铁的服务品质和社会影响力。

高铁文化关联元素具有不同权重的代表性和重要度。这一问题的研究对于高铁元素融合和元素表达具有重要意义。本书采用层次分析法结合专家群决策进行研究。

2. 层次分析法

层次分析法（Analytic Hierarchy Process，AHP）是一种层次权重决策分析方法，由美国运筹学家托马斯·萨蒂于 20 世纪 70 年代提出。该方法主要用于分析复杂问题以及进行有效决策，通过数学分析、决策、分解和量化人的思维过程，最终整合信息进行评估，从而解决那些难以直接、精准计量某些定性结果的难题。层次分析法是一种能帮助人们进行系统分析和科学决策的定性与定量相结合的方法，具体流程如图 1-8 所示。

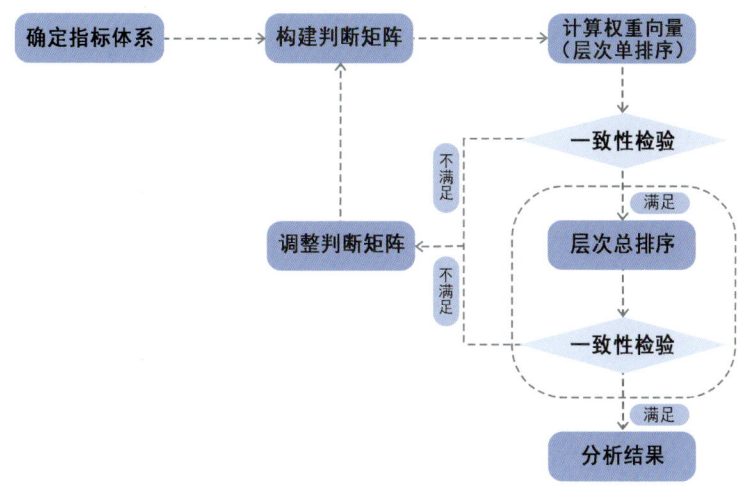

图 1-8　层次分析法流程

1.2.2　基于 AHP 的高铁文化元素重要性评价

基于相关研究和理论，从面向公众的高铁文化传播角度出发，在充分考虑高铁文化各方面的关联因素并通过桌面调研及文献整理分析的基础上，对高铁文化的关联元素进行多维度分析及严谨筛选，从而建立高铁文化相关联元素评价体系。通过 AHP 方法确定各指标的权重，为高铁文化元素与企业产品线的融合提供具有针对性的量化依据。

从中国优秀硕博学位论文全文数据库、中国学术期刊网络出版总库、中国重要会议论文全文数据库等数据库中收集相关研究资料并对其进行整理、分析，筛选出与高铁文化元素相关的主要指标。

本书涉及的代表性元素以大众对高铁文化的认知为前提和基础，这与专业视角的"部件构成"不同。例如，一些专业词汇所代表的内容可能在工程中具有重要地位，但离大众认知较远，便不在指标体系选择范畴内。而大众认知中可以代表高铁文化的各项指标之间又可能存在相互交叉（如列车整体和列车头）等。

通过将案例研究与专家决策相结合，本书分别从人物元素、列车元素、环境与设施元素、周边与服务元素这 4 个层面进行深入分析，构建高铁文化关联元素评价体系。该评价体系包括一级指标 4 项、二级指标 10 项、三级指标 37 项，如表 1-2 所列。

表 1-2　高铁文化关联元素评价体系

一级指标	二级指标	三级指标
人物元素	重要人物	詹天佑(中国铁路之父)、程潜(中华人民共和国成立初期铁路建设和管理的关键领导者)、孙中山(近代中国铁路发展规划的倡导者)、贾利民(中国高铁自主创新的"领跑者")
	职员	安检员、乘务员、列车长、保洁员、站务员、高铁司机
	用户	普通旅客、商务旅客、通勤职工
列车元素	列车整体	"复兴号"与"和谐号"
	列车局部	列车头、车厢、轮毂、车窗
环境与设施元素	建筑环境	站前广场、高铁客站、站场、桥梁、隧道、线路
	设施设备	钢轨、轨枕、车站显示屏、闸机、信号设备
周边与服务元素	周边产品	列车模型、纪念章
	体验及服务	铁路12306、高铁速度、行程服务
	技术趋势	磁悬浮技术、超级高铁

1. 人物元素

人是创造文化的主体。个体在成长过程中会受到文化的影响，而文化则在个体行为中被塑造、影响和传承。在高铁文化元素中，将人物元素分为重要人物、高铁行业职员以及用户。其中，重要人物有詹天佑、程潜、孙中山和贾利民。他们的身上体现着中国高铁从无到有的历史变迁。高铁行业职员包括安检员、乘务员、列车长、保洁员、站务员、高铁司机等，他们是展现"以人为本、服务至上"理念的主体。普通旅客、商务旅客、通勤职工等作为高铁文化的感受者，也是高铁文化关联元素之一。

2. 列车元素

列车元素是高铁文化的核心承载内容。列车不仅是一种交通运输工具，同时也体现出速度、安全、服务、时效等高铁文化的核心价值。列车元素按照车体范围可分为列车整体和列车局部两个二级指标，其中"复兴号"与"和谐号"是被大众所熟知的最具有代表性的动车组，而列车头、车厢、轮毂、车窗等则是组成车体的局部相关元素。

3. 环境与设施元素

建筑环境与设施设备是构成高铁系统的重要组成部分，相关元素在高铁文化的组成中也充当着重要角色。环境与设施使高铁系统能够完整地展现出其重视体验和系统性服务的理念以及促进文化交流的功能。其中，建筑环境包括站前广场、高铁客站、站场、桥梁、隧道和线路；设施设备包括钢轨、轨枕、车站显示屏、闸机和信号设备。这些元素相辅相成，共同构成高铁文化的环境与设施体系。

4. 周边与服务元素

与高铁相关的周边产品、服务系统及技术趋势是弘扬高铁文化精神理念的重要辅助。周边产品包括列车模型和纪念章等，通过各具特色的形式来传播高铁文化，注重用户体验及实用性的同时又同用户建立起了文化共鸣,潜移默化中将高铁文化融入人们的生活。服务系统包含铁路12306、高铁速度和行程服务,这些元素直接关系到用户体验,传递了高铁文化注重效率和科技创新的特质。磁悬浮技术、超级高铁等先进技术不断演进,为高铁文化的发展提供了坚实基础。同时,文化塑造也促进了技术的应用和推广。

1.2.3 高铁文化关联元素多层级体系构建

运用层次分析法决策某个问题时,首先需要对问题进行分层,建立层次结构模型。一般,层次结构模型分为目标层、准则层和指标层三个层级。本书将高铁文化关联元素评价体系分为三个层级,具体如图1-9所示。

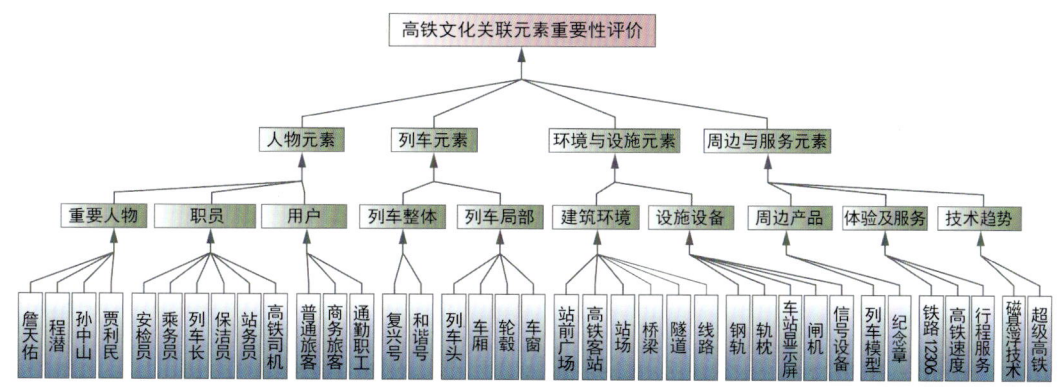

图1-9 高铁文化关联元素评价层次结构模型

第一层是目标层,即高铁文化关联元素重要性评价。

第二层是准则层,由于高铁文化体系复杂,本书将其细分为两个层级,即准则层与子准则层。准则层分别为人物元素、列车元素、环境与设施元素、周边与服务元素。子准则层包括重要人物、职员、用户、列车整体、列车局部、建筑环境、设施设备、周边产品、体验及服务、技术趋势这10个类别。

第三层是指标层,可直接用于量化,构成高铁文化关联元素评价的具体指标,包括37项内容。

指标的权重评价过程包括构造判断矩阵和指标权重的确定。

1. 构造判断矩阵

基于AHP群决策方法生成评价问卷,进行高铁文化关联元素评价指标重要度评测。评价过程采用托马斯·萨蒂提出的1~9标度法,即用1~9这9个数(及其倒数)作为评价元素,标度各功能之间的相对重要性大小,形成判断矩阵。各层次指标两两比较,相对重要性用1~9来表示,其中1表示两个元素同样重要,3表示一个元素比另一个元素稍微重要,5表示一个元素比另一个元素重要,7表示一个元素比另一个元素重要得多,9表示一个元素比另一个元素极端重要,介于上述等级之间的情况可以使用2、4、6、8表示。

对每个专家构建的判断矩阵进行一致性检验和权重计算,最后采用几何平均算法对每个专家的计算结果进行综合平均以形成最终的权重计算结果。表 1-3 所列为某专家对评价模型 4 个一级指标判断矩阵的打分结果。其他专家的判断矩阵得分表就不在正文内完整呈现。

表 1-3　某专家对评价模型一级指标判断矩阵打分

高铁文化关联元素重要性评价	人物元素	列车元素	环境与设施元素	周边与服务元素	W_i
人物元素	1	1	5	5	0.370 1
列车元素	1	1	9	8	0.490 5
环境与设施元素	0.2	0.111 1	1	3	0.088 1
周边与服务元素	0.2	0.125	0.333 3	1	0.051 3

专家 ID：ZY；专家权重：0.062 5；一致性比例：0.078 0；λ_{max}：4.208 2。

2. 指标权重的确定

运用上述层次分析法的计算方法，可得到准则层指标的权重值排序结果（表 1-4）及其可视化结果（图 1-10）。

表 1-4　一级指标对决策目标权重的排序

指标项目	权重	排序
列车元素	0.585 4	1
环境与设施元素	0.188 9	2
人物元素	0.139 3	3
周边与服务元素	0.086 4	4

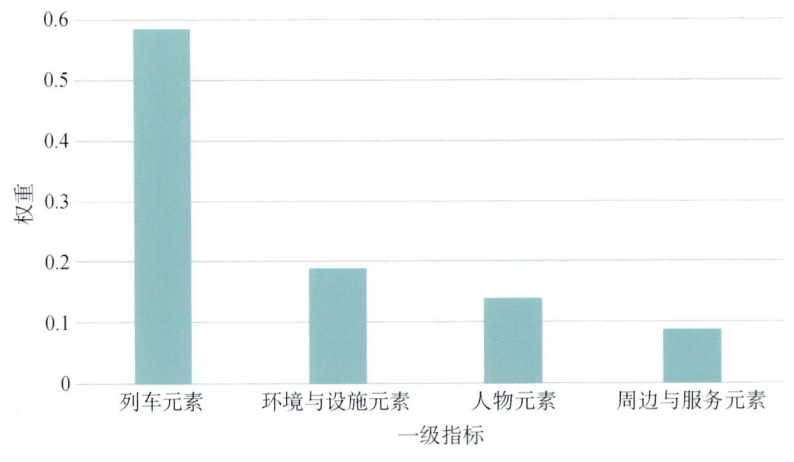

图 1-10　一级指标权重值可视化图示

基于专家群决策评价结果，准则层一级指标中的列车元素的指标权重值最高，为 0.585 4。

列车元素为代表高铁文化的核心构成,独特的外观设计不仅提高了高铁的辨识度,同时也成为高铁文化的载体。通过艺术、科技元素的巧妙融合,展示了科技创新、舒适体验和艺术体验等多重内涵。车体外观给乘客创造了旅行中的第一印象,深化其对高铁品牌的认知,强化高铁文化的塑造与传播。车体设计与品牌形象的紧密结合使得列车车体成为高铁文化的一种生动表达方式,为乘客提供富有文化内涵的旅行体验。

二级指标的权重值及其可视化结果如表1-5和图1-11所示。

表1-5 二级指标要素对决策目标权重值的排序

指标项目	权重	排序
列车整体	0.484 9	1
建筑环境	0.102 9	2
列车局部	0.100 5	3
设施设备	0.086 0	4
重要人物	0.062 0	5
用户	0.048 6	6
体验及服务	0.043 7	7
职员	0.028 7	8
技术趋势	0.022 8	9
周边产品	0.019 9	10

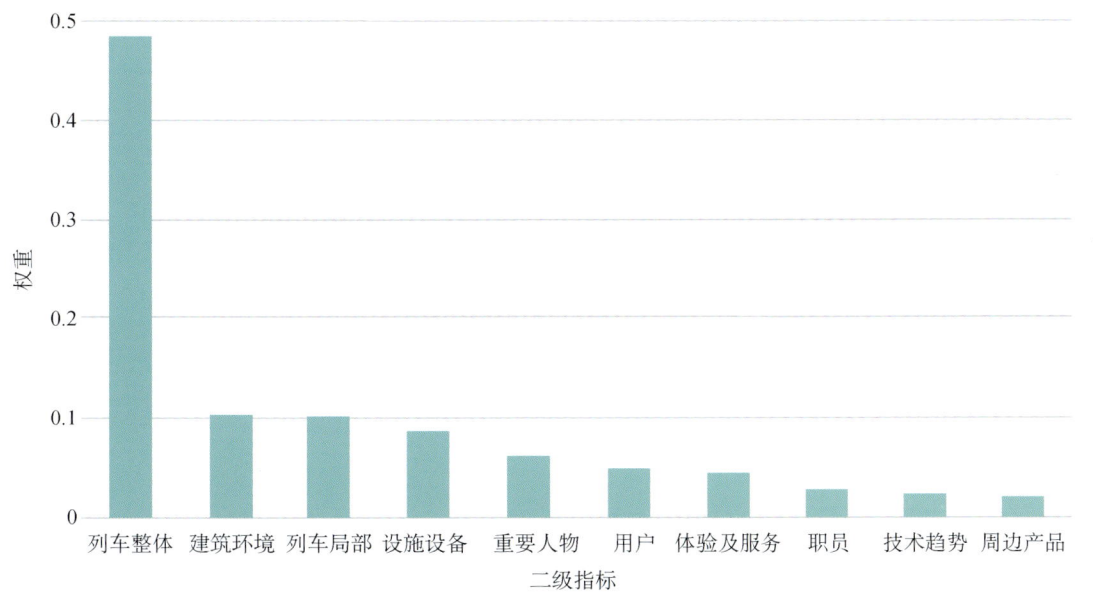

图1-11 二级指标权重值可视化图示

二级指标层级中,列车整体这个元素的权重值最高,为0.484 9。列车整体设计直接关系到乘客的舒适感和服务体验。从车厢内部布局、座椅设计到各类服务设施，列车整体设计通过提供舒适和便捷的乘车环境，体现出高铁文化对乘客体验的高度关注。

根据指标权重的确定过程，得到三级指标对于二级指标的相对权重值，然后依据层次总排序计算公式，求得三级指标层中各指标的综合权重值，可视化结果如图1-12所示。

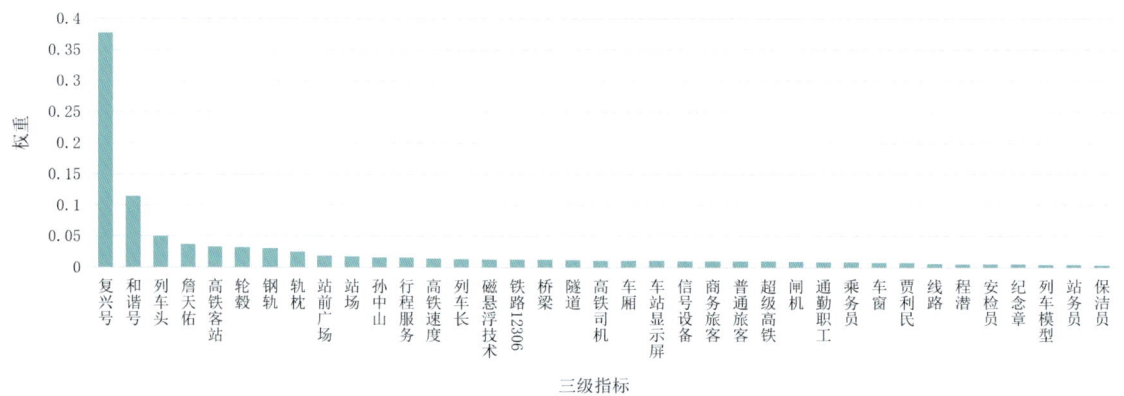

图1-12　三级指标权重值可视化图示

评价结果显示，在三级指标层中，"复兴号"对高铁文化的重要性权重值最高，为0.373 9。"复兴号"是中国高铁最具代表性的列车型号，代表着技术创新和品牌实力。同时，其高品质的服务和具有民族文化特色的车型为乘客提供了良好的出行体验，也为高铁文化的全球推广提供了强有力的支持。

1.3　高铁文化元素与上铁地产产品线的融合探索

通过将高铁文化元素融入上海铁路地产置业集团有限公司产品线（以下简称"上铁地产产品线"），打造出一个具有高铁文化特色的产品体系，不仅丰富了产品线的内涵，也提升了产品的文化附加值，还能加强公众对高铁文化的认知与情感连接。这种融合与发展有助于构建一个全方位、多元化的高铁文化体系，推动高铁文化在不同领域的传播与发展，同时也能够有效提升上海铁路地产置业集团有限公司（以下简称"上铁地产置业公司"）的企业形象。

1.3.1　高铁文化核心元素分析及元素转换

1. 核心元素分析

根据层次分析法的计算结果可知：

（1）一级指标层级中高铁文化关联因素重要性排序结果为：列车元素（0.585 4）＞环境与设施元素（0.188 9）＞人物元素（0.139 3）＞周边与服务元素（0.086 4）。

（2）二级指标层级中前五项高铁文化关联因素重要性排序结果为：列车整体（0.484 9）＞建筑环境（0.102 9）＞列车局部（0.100 5）＞设施设备（0.086 0）＞历史代表（0.062 0）。

（3）三级指标层级中居前的高铁文化关联因素重要性排序结果为：复兴号（0.373 9）＞和

谐号(0.111 0)＞列车头(0.047 0)＞詹天佑(0.035 5)＞高铁客站(0.033 2)＞轮毂(0.032 3)＞钢轨(0.030 7)。

通过层次分析法决策分析，选择最具代表性的高权重值元素，作为高铁文化与产品线融合的关键元素(图1-13)，各代表性元素的选取理由如下：

（1）注重列车整体元素的提取。列车整体是高铁品牌形象的最直观的代表，其外观设计、标识标志等直接影响用户对高铁文化的认知和印象。

（2）强调"复兴号""和谐号"的抽象和融合，通过特色鲜明的设计，强化高铁文化的品牌形象，极具辨识性。

（3）利用列车头、轮毂等局部造型，经抽象提取及转换后运用到与产品线的融合中。

（4）钢轨与轨枕的隐喻内涵包括交流、发展、历程等，是代表高铁文化的关键元素之一。

（5）高铁客站等建筑元素可以作为高铁文化融合的辅助。

图1-13 高铁文化与产品线融合的关键元素

2. 高铁文化元素的转换

高铁文化关联元素的转换和抽象表达是其与产品线融合的一个重要环节。正是通过抽象化的表达方式，才能使这些关联元素在品牌传播和用户体验中展现出高铁文化的核心价值，使用户能够在上铁地产置业公司项目的细节中深刻感受到企业高铁文化的底蕴，从而提升上铁地产产品线的品牌竞争力。

（1）"复兴号"为中国高铁的代表车型，进行相关设计时可强调其动感、科技感和创新性。在具体应用中，可以将列车整体元素中的外观造型、颜色、图案等融入产品线，以展示高铁文化的现代化和高效性，如图1-14所示。

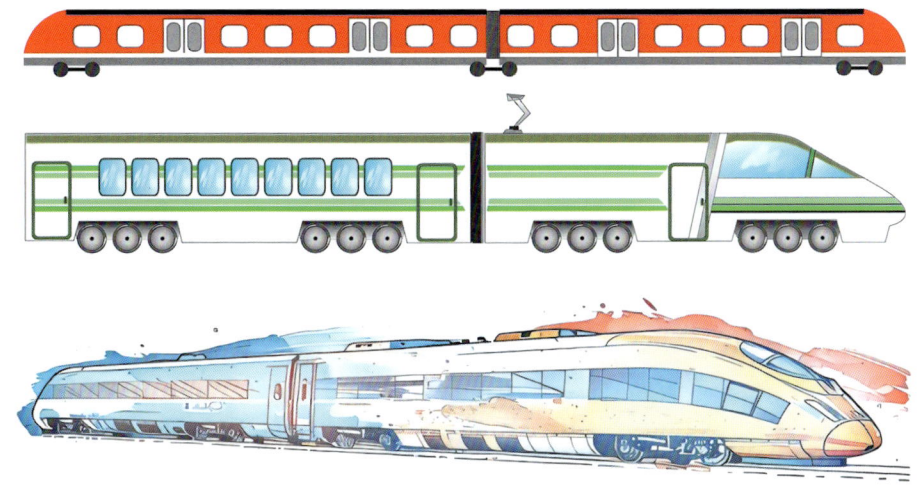

图1-14 列车整体元素设计意象

（2）列车头和轮毂是列车的重要组成部分，体现了动态感和科技感。在上铁地产产品线视觉形象中，可以将列车头作为标志性元素，以展示高铁文化的前沿和科技特性，如图1-15所示。轮毂元素则可用于构建独特的图形标识，以凸显高铁文化中的高速及创新特性。

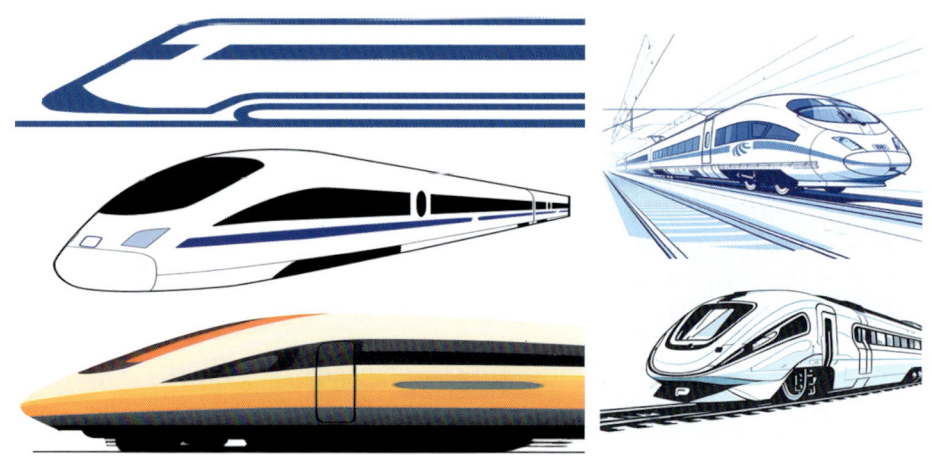

图 1-15　列车头元素设计意象

（3）高速铁路的钢轨和轨枕元素内涵丰富，且具有灵活的创意转换价值。这种转换为高铁文化元素的融合注入了新的形式和符号，如图1-16所示。

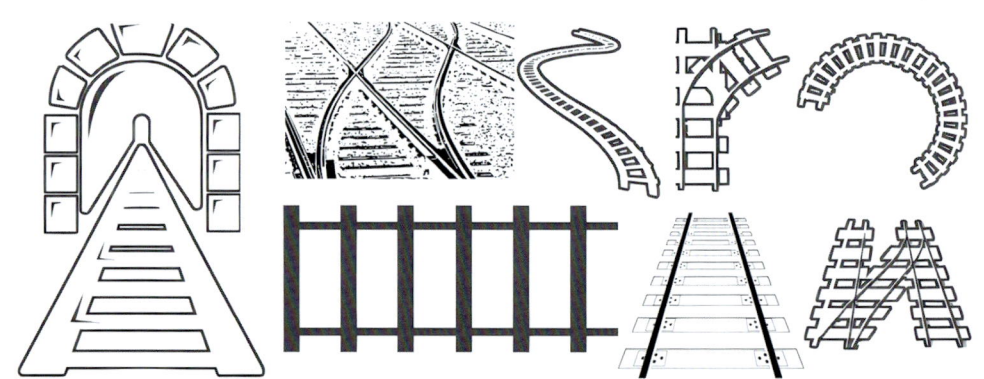

图 1-16　铁轨和轨枕元素设计意象

（4）高铁客站这一元素的转换与抽象应关注其整体形象和功能性，注重高铁客站建筑现代、科技的外观特征。同时，高铁客站的流线布局和便捷服务也是可以转换的内容，以展示高铁文化中安全、便捷、高效、绿色、经济的核心理念，如图1-17所示。

1.3.2　融合思路及原则

在将高铁文化元素融入上铁地产产品线过程中，应当巧妙运用以"复兴号"为代表的列车的流线型设计手法，使设计对象不仅呈现出动感轮廓，也突出速度感和科技感；同时，可以借鉴列车标志性颜色进行设计，如中国红等，以增强品牌辨识度以及与高铁文化的关联

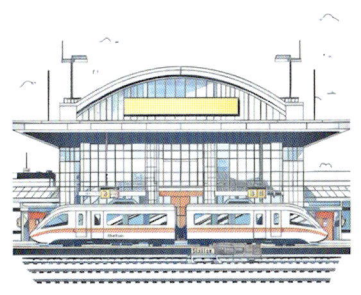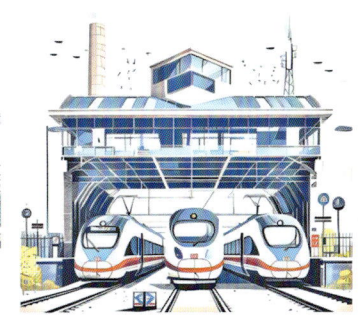

图 1-17　高铁客站元素设计意象

性。在列车头及轮毂元素的运用中，可强调其前端设计，提取经典且极具代表性的线条轮廓，也可融入轮毂元素的图案或结构设计，凸显其动态特性，从而增强品牌时尚感。在所设计的对象中引入钢轨及轨枕元素，主要是展现高铁文化中文化交流、文化连接的理念。

在将高铁文化元素与产品线的融合过程中，可以参考的途径有：设计一体化、品牌协同、主题统一、导向系统优化、钢轨及轨枕元素的体现，如图 1-18 所示。

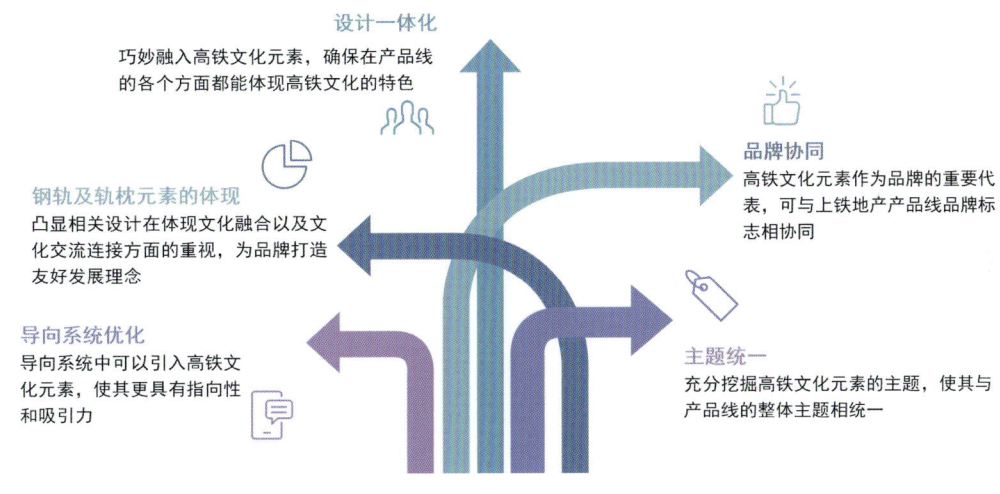

图 1-18　高铁文化元素的融合

根据高铁文化关联元素的层次分析结果，列车头、轮毂、钢轨和轨枕在各项关联因素中的重要程度排序均较靠前，即更具代表性。在上铁地产产品线中应当将这些关键元素的形态、图案、符号融于主题性雕塑、导视系统、景观与产品设施、建筑公共环境之中，由此展现其理性之美、精致之美和力量之美。

高铁文化关联元素与产品线的融合需要考虑其美观与实用方面的功能，还需注重理念的契合性，因此融合过程中应注重以下原则（图 1-19）。

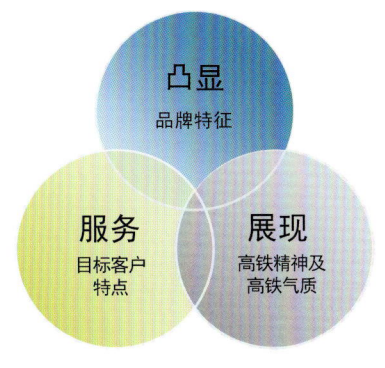

图 1-19　元素融合原则

1. 凸显品牌特征

产品线视觉方案应与企业的定位和高铁文化的内涵相符。在元素融合过程中，需要考虑到高铁文化的特性，如安全、便捷、高效、绿色、经济及进取精神，注重服务和用户体验等；同时，还要考虑到上铁地产置业公司作为一家具有深厚高铁文化底蕴的企业，其品牌形象应具有独特性和可辨识性，能够与市场上的其他企业品牌区分开来。

2. 展现高铁精神、高铁气质

产品线视觉方案应能充分展现企业的实力和形象。通过恰当的元素选择以及抽象、转化来展现高铁精神和高铁品质。注重对细节的把握和处理，从整体到局部、从大到小，都要体现出品质和精细感。同时，还需要通过多种渠道和形式，将品牌形象展现给更多的消费者和潜在客户。

3. 提供良好的服务体验

产品应能为消费者提供良好的服务体验。高铁文化关联元素与产品线融合过程中应注重具有典型特征的色彩和图形元素的运用，从而创造出具有亲和力及特色的视觉效果；同时，还需要考虑到不同消费群体的需求和偏好。

总之，高铁文化关联元素与上铁地产产品线的融合，应以品牌形象和企业文化为基础，创造出具有独特性和可辨识性的视觉效果，为消费者提供良好的服务体验，同时充分展现出企业的实力和形象。

第 2 章

价值核心　形象旗帜

——企业文化与企业形象

2.1　企业文化与企业形象概述

2.1.1　企业文化的定义及内涵

企业文化是指企业在生产经营和管理活动中所创造出的具有该企业特色的精神财富和物质形态,包括企业愿景、文化观念、品牌价值、企业精神、道德规范、历史传统、企业制度和企业产品等。

企业文化是企业为实现经济效益所制定的准则的综合体现,涵盖了企业的发展目标、经营理念及其他重要因素。同时,企业文化也体现了企业独特的管理模式,代表了员工所共享的价值观念和规范,包括思想观念、价值观念、道德标准和行为准则等要素。企业文化对企业的可持续发展具有积极而深远的影响,能够有效地推动企业的品牌塑造和营销策略的实施。

企业文化具有独特性、时代性和整体性,如图 2-1 所示。这些特点相互关联,对企业的发展和成功起着至关重要的作用。

独特性是企业文化的鲜明特征。每个企业都有自己的发展历史以及与其有关的社会环境、员工组成和经营方式,这些因素共同塑造了企业文化的独特性,使其呈现出与其他企业不同的特质。

企业文化具有时代性。随着社会的演进和变革,现代企业的企业文化需要与时俱进,只有不断地调整其文化价值观

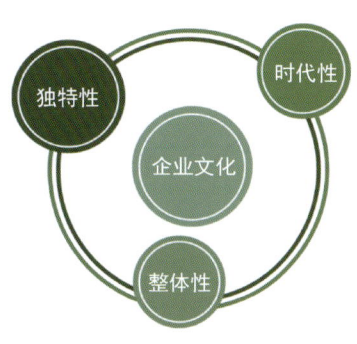

图 2-1　企业文化特点

和行为准则,才能反映出当今社会的需求和趋势。这种时代性使得企业能够更好地应对挑战,从而创新产品和服务,吸引年轻一代的员工和客户,并在市场中保持竞争力。

企业文化具有整体性。企业文化贯穿整个组织,塑造并影响着组织的方方面面。它为员工提供了共同的目标、价值观和行为准则,促使员工在思想和行为方面形成共识、达成一致。这有助于建立稳定的组织结构,减少内部冲突,提高工作效率,增强团队协作和凝聚力。

企业文化是一个复杂而完整的系统,结构组成如图 2-2 所示。它由精神、制度、行为和物质等多个层面组成。精神层面包括企业愿景目标、价值观、使命等元素,是企业内在核心理念的具体表达。制度层面表现为规范员工行为的各项规章制度,如工作流程、行为规范、奖惩制度等,它们不仅体现了企业的核心价值观和理念,也是企业实现目标、维持秩序、促进发展的基础保障。行动层面即企业员工在生产和经营活动中形成的范式,包括行为规范和文化活动等内容,行动层面是企业文化的具体表现形式。物质层面包括工作环境、产品、实体建筑等,是可以直接观察和感知的企业文化元素。

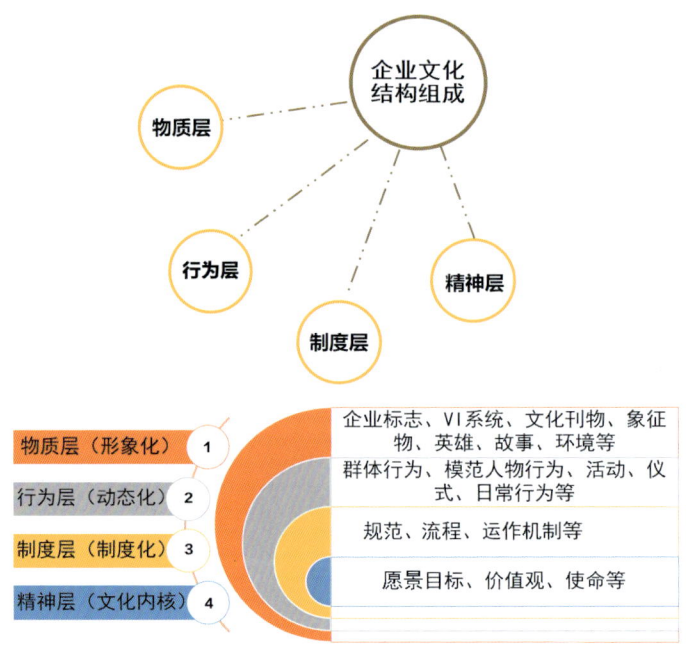

图 2-2 企业文化结构组成

2.1.2 企业形象的定义及内涵

1. 企业形象的定义

企业形象(Corporate Identity,CI),英文直译为"企业的统一化"或"企业自我同一化",也称为企业识别。这个研究领域延伸出的系统称为企业形象识别系统(Corporate Identity System,CIS)。

就 CIS 的内涵、定义而言,不同学者有不同的论述,如表 2-1 所列。总的来说,企业形象识别系统是企业形象战略的实施系统,是一个可以规范、可以控制的,能够保证企业形象战略顺利实施的具体操作系统。

表 2-1 不同学者对 CIS 的论述

学者	国家/地区	对 CIS 的论述
罗伯特·D. 罗斯	美国	视觉识别是必要的,但并不是唯一的

(续表)

学者	国家/地区	对CIS的论述
中西元男	日本	CIS可以真正改变企业的形象,使整个企业焕然一新。你希望企业拥有什么形象,你便可以有意地朝着自己的设想和目标去努力,从而使企业真正变成你所希望的样子,保持企业的最佳状态,跟上时代的潮流,这种观念和手法叫作CIS
林磐耸	中国台湾	强调以视觉形象设计为中心,从而达到产品促销的目的
代红阳	中国大陆	CIS是现代化私营组织对自身的愿景、经营使命、行为方式及视觉识别进行一番新的设计,统一传播,以塑造出独特且差异化的组织形象,并获得企业内外受众的共同认同,从而提升竞争优势的形象战略

企业形象由三部分组成:企业理念识别(Mind Identity,MI)、企业行为识别(Behavior Identity,BI)和企业视觉识别(Visual Identity,VI)。三者相互联结、相互作用,共同构成了企业的品牌形象。

2. 企业形象的内涵

1)广义与狭义的企业形象含义

从广义上来说,企业形象是指对企业实态的整体感觉、印象和评价。从狭义上来说,企业形象是指通过对企业真实信息的了解,将企业文化、经营理念、产品质量、销售模式等元素进行筛选、归纳、融合,构建独一无二的产品视觉标识,以此打造企业形象体系。

2)企业形象设计的独特特点

(1)客观性和主观性

企业形象既具有客观性又带有主观性,不同的公众群体由于其背景、层次和职业差异,对企业形象会有不同的解释和理解。在制定企业形象传播策略时,必须考虑不同受众的需求和观点。尽管不同受众对同一家企业可能会产生不同的认知,但他们都基于企业这一客观实体,反映了企业的独特特征和现实状况。

(2)战略性和一致性

企业形象识别系统(CIS)是传达企业理念和文化的工具,其核心是制订和传达整体形象和整体战略。一致性表示企业理念贯穿于整个组织的内部和外部活动,不应出现分散、孤立的情况,以确保其在传播过程中发挥积极作用。

(3)整体性和分层性

企业形象可以分为表层形象和深层形象。表层形象主要由外部元素(如视觉要素和行为活动)构成,这些元素是可以直接感知的。深层形象则受到企业经营理念、价值观等深层次因素的影响,对公众产生长期而持久的影响。深层形象和表层形象必须相互协调和整合,以确立均衡和有机的企业整体形象。

(4)稳定性和独特性

稳定性体现在CIS一旦形成,就在一定时期内保持不变。同时,确保企业形象的连贯性和一致性,有助于深化消费者对品牌的认知和信任。独特性则表现在CIS的差异化设计上,每个企业的 CIS 都应根据自身文化、理念和定位进行个性化构建,从而才能在竞争激烈的市场中脱颖而出,形成鲜明的品牌特色。稳定性和独特性的结合,使得 CIS 成为企业塑造独特且持久品牌形象的有力工具。

2.1.3　企业文化与企业形象的关系

企业文化和企业形象之间存在密切的关系,它们互相影响并共同塑造企业的辨识度和声誉。图 2-3 为企业文化与企业形象设计的关系图。

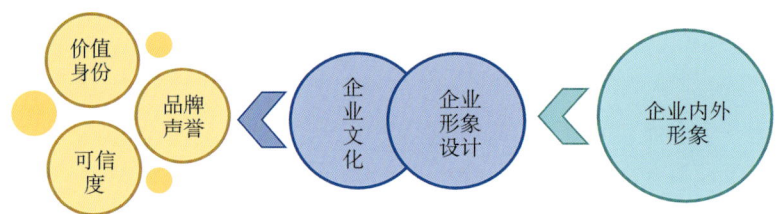

图 2-3　企业文化与企业形象设计的关系

1. 企业文化定义企业身份与形象

企业文化是企业的灵魂,它不仅代表着企业的价值观、信仰和行为准则,还是决定企业身份与形象的核心因素。成功的企业文化能够准确地传达企业身份,塑造独特的品牌形象,进而在竞争激烈的市场中独树一帜。

企业文化确立了企业的核心价值和使命,使得员工和消费者能够明确认知企业代表什么。企业文化会影响企业的决策方式、团队合作和沟通氛围,从而塑造出独特的工作环境和氛围。企业文化可以通过各种形式展现出来,包括企业的使命宣言、价值观、行为规范、仪式和活动等,从而进一步加强企业身份和形象的塑造。

企业文化对企业身份与形象的塑造起着至关重要的作用。它不仅是企业内部的"指南针",更是企业在市场中的"名片"。通过建设独特而强大的企业文化,企业能够更好地展现自己的价值观和特色,赢得客户的信任和忠诚。企业文化定义了企业的身份,是企业形象的基础。

2. 企业形象与企业文化具有一致性

企业形象应能反映并强化企业文化。如果企业文化强调创新、社会责任和客户满意度,那么企业形象应该通过品牌标志、品牌信息传播等来传达这些价值观。企业形象与企业文化的一致性有助于确保内部和外部受众对企业的认知和期望是一致的,也有助于建立信任和强大的品牌声誉。

3. 企业形象传递企业文化

企业通过视觉元素,如品牌标识、色彩、字体等对外展示其形象,同时也彰显其独特性和价值观。企业形象是对企业文化的可视化表达,能够帮助企业在市场中增强其独特性和辨识性。

企业文化和企业形象相互关联，共同塑造了一个企业在内部和外部的形象和声誉。强大的企业文化可以为企业形象提供坚实的基础，而企业形象又可以帮助传达和强化企业文化，从而实现企业的品牌建设和发展目标。

2.2 企业形象的构成及功能

在竞争激烈的商业环境中，企业形象已成为企业成功的关键要素之一。它甚至超越了产品和服务，代表了一种承诺、一种声誉，是企业与其客户、员工和合作伙伴之间建立信任和情感联系的桥梁。

企业形象不仅关乎品牌的外在形象，还包括品牌的内在价值观、文化，以及对社会和环境的承诺。它是一个多维度的概念，需要在各个层面保持一致性，例如从标志、颜色到企业的社会责任和可持续性倡议。

2.2.1 企业形象构成要素

企业形象是由三个子系统构成的，它们分别为理念识别（MI）系统、行为识别（BI）系统和视觉识别（VI）系统（图2-4）。

1. 理念识别

理念识别（MI）是指企业独特的价值观、经营方式、战略、宗旨等，属于企业的思想、精神范畴，是企业形象设计的核心部分。它是指导企业行为的具有哲学内涵的思想意识。MI系统是企业通过阐述这些思想意识而达到指导行为目的、让人们可感知的完备系统。

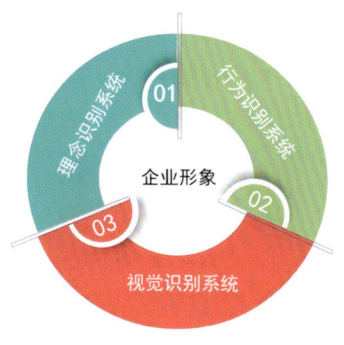

图2-4 企业形象构成要素

2. 行为识别

行为识别（BI）是指企业按照理念识别目标，制订一系列具体行为来展示企业价值观和经营使命的过程。BI系统可以使企业形成特定的经营风格，从而与其他企业区别开来。行为识别是企业形象设计中一个很重要的组成部分，涵盖企业内外各方面的具体运营活动。

3. 视觉识别

视觉识别（VI）又称企业形象要素识别体系，是指企业通过理念识别确立经营理念、战略目标的基础上，根据具体市场信息的反馈推出的具有较高辨识度的视觉识别符号。VI系统可以展示出企业鲜明的特征，从而增强目标受众的认同感。在信息化时代，VI设计的精准程度是决定企业成败的关键。

优秀的企业形象形成不是一蹴而就的，而是在充分调研的基础上进行实施。同时，在打磨过程中坚持三个子系统统一规划、整体设计的原则，充分考虑公众的认可度和接受程度，才能传达出让公众满意的企业形象。

2.2.2 企业形象识别系统功能

1. 统一的整合功能

企业形象识别系统(CIS)作为一个内涵广泛的系统,要求在操作过程中必须保证系统内各要素的有机联系。CIS强调思想、行为、视觉表现三者的一体化,即三者的整体性与一致性。在三者整合的过程中,必须形成外在和内在的和谐统一,有机衔接,如图2-5所示。

2. 独特的识别功能

独特的识别功能是CIS最基本的功能,这是由CIS本身的属性所决定的。识别功能表现在两个方面:从组织实施者的角度来看,需要明确自身定位,即自己在目标受众认识中所处的位置,自己的行业划分、未来目标等;从产品角度来看,让自己的产品在目标受众中具有较高的辨识度这点非常重要。"辨识度"就像人的脸面,对企业在目标市场占有一席之地起到关键作用。

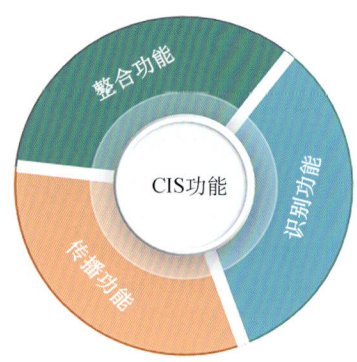

图2-5 CIS的功能

3. 高效的传播功能

企业通过应用CIS塑造形象,这个过程也是对大量信息的整体性、直观化、大范围、全方位的一种传播。换言之,CIS的实施过程既是形象的塑造过程,又是形象与综合信息的传播过程。这种传播的高效能还表现在手段的丰富性与多样性方面,把公共关系、媒体、视觉、活动、人员等各种因素系统整合,使传播更加直观和立体。

2.3 高铁元素融入企业形象过程

2.3.1 融合原则

高铁作为中国重要的国家"名片",代表着高科技、高速度和高安全性。通过融入高铁元素,企业能够提升自身的形象和品牌价值,彰显企业的实力和创新能力;同时,有助于增强企业的社会责任感和公众形象,使企业能更好地担负起自身的社会责任、提高公共意识,提升公众对企业的认同度和好感度。在将高铁元素融入企业形象时需遵循以下原则。

1. 统一性原则

将高铁元素融入企业形象,首先要遵循统一性原则。在将高铁元素融入企业形象时,应与企业原有的形象保持一致。这种一致性表现在理念、视觉、行为等多个方面。例如,企业的核心价值观应与高铁精神相契合,企业的标志设计可以借鉴高铁的代表性元素,企业员工的行为规范制定可以参考高铁服务标准等。

2. 突出性原则

突出性原则是指在将高铁元素融入企业形象时,应突出高铁的特点,使人们能够明显地感受到企业与高铁的关联。这种突出性可以通过多种方式来实现,例如在企业宣传中强调高铁的特点,或者将高铁元素融入企业的产品或服务中。另外,通过突出高铁元素,企业也可以提升品牌影响力,从而吸引更多的客户。

3. 持续性原则

持续性原则是指企业在融入高铁元素时,应注重长期效应,而不是短期行为。企业应制订长远的发展规划,将高铁元素融入企业文化、管理制度等各个方面,使高铁元素成为企业发展的重要支撑。同时,企业应不断优化高铁元素的融入方式,保持其时代性和创新性。

4. 实效性原则

企业在融入高铁元素时,应注重实际效果,而不是形式主义。企业应通过市场调查、数据分析等方式,评估高铁元素对企业形象的影响力,并根据评估结果调整融入策略。同时,企业应注重与客户的互动和沟通,通过深入了解客户的需求和感受,并将之反馈到策略中,从而不断优化高铁元素的融入方式。

2.3.2 融合过程

将高铁元素融入企业形象,不仅有助于提升企业形象,还可以增强企业的品牌影响力。这一融合过程主要涉及五个方面:理解企业定位、制订融合方案、执行融合方案、评估和反馈、维护和更新,如图2-6所示。

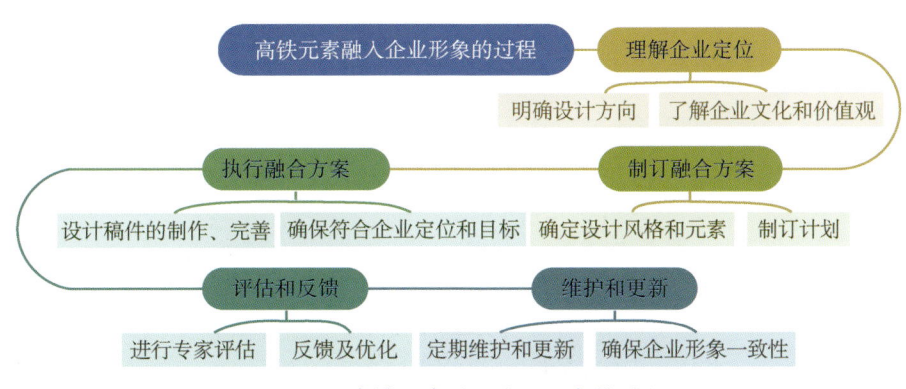

图 2-6　高铁元素融入企业形象的过程

1. 理解企业定位

企业需要明确自身的定位和目标,包括企业的核心业务、价值观、市场定位以及未来的发展方向。企业只有深入分析自身的特点和需求,才能确保所选择的高铁元素与企业形象高度契合。同时,还需要分析市场和竞争对手,了解行业内其他企业的形象策略,以便更好地制订差异化战略。

2. 制订融合方案

在明确企业定位后,需要制订具体的融合方案。这一阶段主要涉及两方面工作:一方面,选择合适的高铁元素;另一方面,思考这些元素与企业形象的融合方式。选择元素时,需要考虑其是否能够反映企业的核心价值观和特点,同时也要考虑其在市场上是否具有辨识度。融合方式则需要综合考虑视觉元素(如标志、颜色等)以及非视觉元素(如服务标准、企业文化等)的整合。

3. 执行融合方案

方案确定后,进入执行阶段。这一阶段是将选定的高铁元素真正融入企业形象中,包括产品线设计、品牌标志、广告宣传、员工培训等各个方面。企业需要确保所有相关部门都能清楚地理解并执行新的形象策略,使之整个企业的形象保持一致。

4. 评估和反馈

执行融合方案后,需要对其效果进行评估。可以通过专家评估、市场调查、数据分析等方式进行。评估的内容应包括消费者对新的企业形象的接受程度、品牌知名度以及企业影响力是否提升等。根据评估结果,企业可以了解融合方案的实施效果,并根据市场反馈对方案进行必要的调整。

5. 维护和更新

企业形象需要不断地维护和更新。随着市场的变化和企业自身的发展,原先设定的形象策略可能不再完全适用。因此,企业需要定期检查和调整策略,以确保其始终与市场和企业的需求保持一致。同时,对于已经实施的高铁元素融合方案,也需要定期维护和优化,以保持其活力和吸引力。

将高铁元素融入企业形象是一个系统性的过程。从理解企业定位到维护和更新,每一步都需要精心策划和执行。只有这样,才能确保高铁元素真正成为企业形象的一部分,从而提升企业的品牌价值和市场影响力。

2.4 高铁元素融合上铁地产企业形象实践

上铁地产置业公司隶属于中国铁路上海局集团有限公司,以高铁品质为圭臬,以高铁速度为追求,赓续红色基因、传承百年铁路文化;以"成为具有铁路特色的城市综合运营服务商"为企业愿景,凝练出"高铁品质、焕新城市"的品牌核心价值。上铁地产置业公司致力于打造人文宜居典范,彰显匠心品质和极致追求,多年来深耕区域市场,积极探索铁路土地综合开发多元化途径,总结凝练经验,形成示范效应。

本节通过上铁地产置业公司企业品牌标志及"春、江、花、月、叶"系列产品标志,系统阐述了高铁元素融合上铁地产企业形象的项目实践。

2.4.1 上铁地产企业品牌标志

品牌标志设计是企业形象的核心,是客户和潜在客户最常见的视觉标识。因此,必须具备独特性、简洁性和易识别性。品牌标志可以包括文字、图形、图标或它们的组合,以展现企业的名称和特点。品牌标志设计要考虑到不同媒体和尺寸应用条件下的清晰性,确保企业品牌标志在各种情境下都能够传达品牌信息。

上铁地产置业公司的品牌标志设计独具匠心,巧妙地融入了列车头的抽象元素和居住概念,彰显出独特的企业形象和文化理念(图 2-7)。抽象的列车头设计传递出企业不断进取、追求卓越的精神,同时也代表着企业在房地产领域的稳健和实力;品牌标志主体造型为上铁地产英文首字母"S"的变化组合,既体现了企业的专属性,又彰显了企业的创新和活力;居住概念的融入则体现了以人为本、关注居住品质的理念,企业致力于为人们创造美好、舒适的居住环境。上铁地产置业公司企业品牌标志的设计简洁而不失内涵,既具有现代感,又蕴含着深厚的文化底蕴。

图 2-7　上铁地产置业公司企业品牌标志

2.4.2　产品线形象融合高铁元素思路

高铁作为当代中国的标志性符号之一,不仅代表着速度与效率,更承载着国家发展的梦想与荣耀。上铁地产置业公司作为与高铁息息相关的企业,深谙高铁文化的内涵与价值,在打造自身产品线形象时,积极寻求与高铁元素的深度融合。

企业文化和企业形象定位是品牌建设的基石,对于上铁地产置业公司而言,这一基石显得尤为重要。企业文化中的创新精神、务实态度和对品质的不懈追求,与高铁文化中的精准、高效、安全等理念不谋而合。在产品线形象塑造方面,将高铁元素作为一大亮点,让高铁精神贯穿产品的每个细节。

产品线 LOGO 是一个品牌最直观的名片。为了让高铁元素在产品线 LOGO 中得以完美体现,团队进行了大量的构思,通过巧妙的手法,将高铁的流线型车身、飞驰的速度感以及科技元素融入产品线 LOGO 中。不仅使得产品线 LOGO 本身充满了动感和现代感,更让人们在第一时间就能联想到高铁这一代表着时代精神的交通工具。

在产品线整体打造过程中,将高铁文化元素形态化、图案化、符号化,并将其合理嵌入项目的环境及设施中。例如,在项目景观中,巧妙利用高铁文化元素打造出独特的景观小品与设施;在建筑立面设计中,借鉴高铁元素线型,使得建筑外观更加现代和动感。

产品线视觉核心定位对于品牌的整体形象至关重要。上铁地产置业公司将自己的产品线视觉核心定位为展现理性之美、精致之美、力量之美。理性之美体现在对产品架构的清晰梳理以及打造出的专属视觉识别体系上;精致之美是通过将高铁文化元素植入项目中,从而提升品牌的文化内涵和审美价值;力量之美则让目标受众在对上铁地产品牌的视觉和环境体验中产生深度感知,进而建立起情感化的客户沟通体系。

通过高铁元素融合与创新,上铁地产置业公司不仅让自己的产品线形象更加鲜明、独特,还于无形中提升了品牌的价值和影响力。

2.4.3　产品线 LOGO

上铁地产产品线 LOGO 的主题为"春""江""花""月""叶"。

上铁地产置业公司以上海为核心开枝散叶，不忘初心，昂首向前。"春"，之于上海，如春天般充满着生机与希望。企业孕育出石泉春晓、石川春晓、石龙春晓等系列品质社区。"江"，之于浙江，如蜿蜒曲折的钱塘江富足而优雅。企业将产品线布局落子于浙江各地，以工匠精神开创了江畔云庐、江锦云庐、江枫雅苑、江湘云庐等系列高品质、有口碑的楼盘。"花"，之于安徽，如艳丽的花朵一样欣欣向荣。企业抓住"繁花盛开"的契机，以高铁文化为底蕴，将产品线的打造与这片土地上的繁荣紧密相连。湖畔花都、水岸花都、舜耕花都、高铁都市花园、文馨花都等系列匠心品质的楼盘，如繁花似锦般点缀在安徽各城市之间。"月"，之于南京，如"秦淮月出潮初上"般浪漫而惬意。企业借用月的唯美恬静，寓意上铁人居的舒适悠闲，浪漫情感不予言表，于古都南京播撒下诸如月桂园、月馨苑、月和园等系列品质佳作。"叶"，之于淮海，如纵横的绿叶脉络般交相辉映，滋润而体贴入微。企业以无微不至的关怀，心甘情愿的奉献，以人为本的情怀，于淮海地区深耕，先后在徐州区域打造了叶语田园、叶语雅园、叶景华庭等系列品质之作。

1. 概念一：字义和高铁文化元素结合（具象风格）

1）设计元素分析

上铁地产置业公司将产品线 LOGO 的主题确立为"春""江""花""月""叶"，并且与高铁文化相融合，因而主体设计元素为高铁车头与车身、钢轨、轮毂、花、江流、树叶和月等，如图 2-8 所示。

图 2-8　元素概念意象

2）手绘草图提炼

高铁文化元素提炼过程草图和各主题元素提炼过程草图如图 2-9、图 2-10 所示。

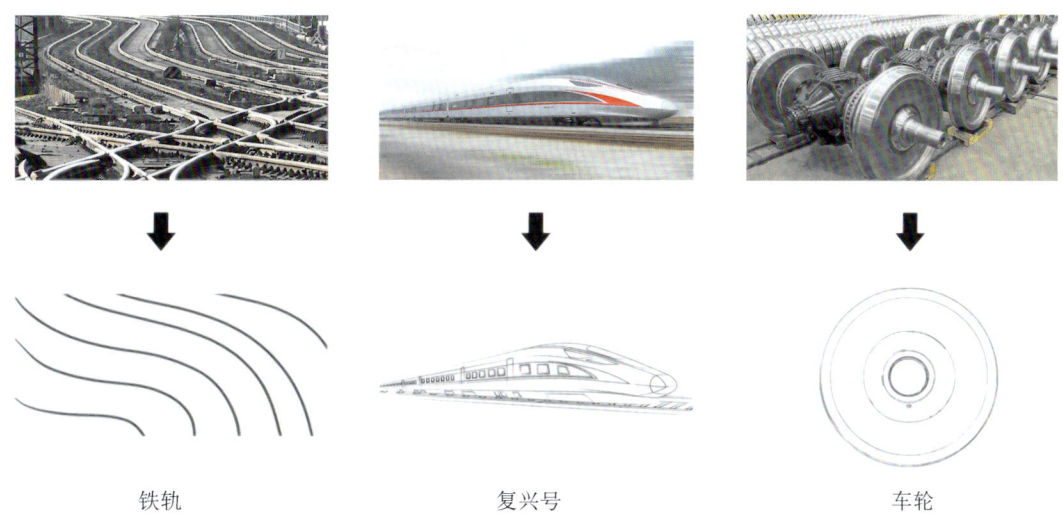

图 2-9　高铁文化元素提炼过程草图

图 2-10　主题元素提炼过程草图

3）元素整合

如图 2-11 所示，在概念一中，"春"运用飞驰的高铁列车、高铁轮毂旋转以及百花争艳的元素进行标志设计;"江"运用高铁图形、高铁轨道延伸、冉冉升起的太阳及"江"字的字义构建视觉元素;"花"的元素抽象运用了高铁图形、高铁轮毂飞驰、铁路四通八达、高铁的轮毂动力循环及"花"字的字义概念视觉化;"月"运用飞驰的高铁列车、高铁铁轨及晓风明月的元素;"叶"则是运用高铁车辆、高铁轨道、叶子元素及铁路轨道交错的元素进行设计。

图 2-11　图形设计元素分解

最终形成具象化风格的产品线 LOGO 设计方案如图 2-12 所示。同时,在高铁元素设计中考虑了车窗的有无和长短的情况。

图 2-12　概念一　产品线 LOGO 设计方案

2. 概念二：字义和高铁文化元素结合（抽象风格）

在概念二方案设计中，"春"的 LOGO 并未进行设计变动，依旧沿用概念一的设计。"江"则运用高铁车头的图形、高铁轨道延伸、冉冉升起的太阳以及"江"字的字义视觉化的元素，如图 2-13 所示。

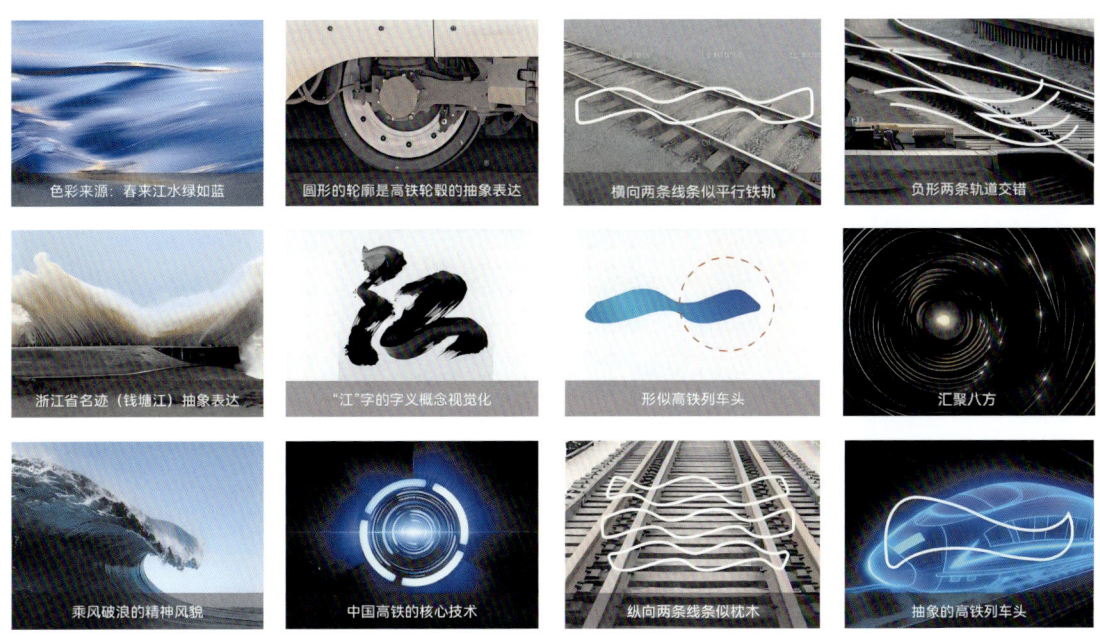

图 2-13 主题"江"设计元素意象

"花"运用高铁车头图形、高铁车轮飞驰、铁路四通八达、高铁的轮毂动力循环以及"花"字的字义视觉化的元素，如图 2-14 所示。"月"则是对概念一所运用的元素进行演变、改良，形成概念二的最终设计。

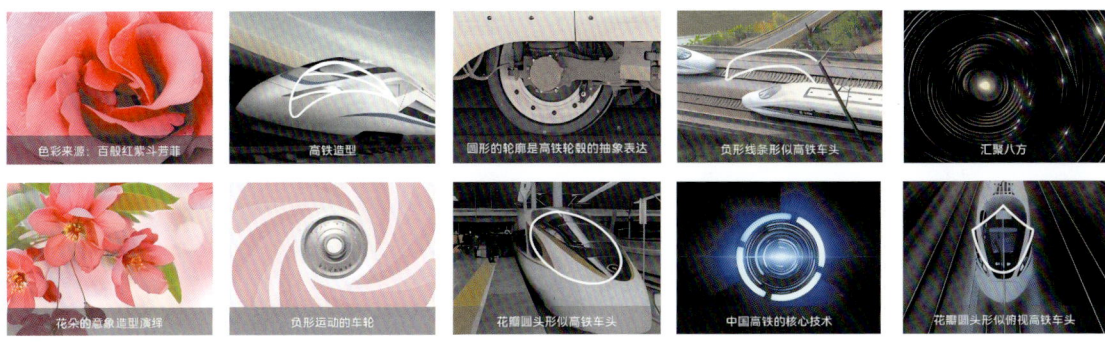

图 2-14 主题"花"设计元素意象

"叶"运用高铁车头、高铁轨道、叶子和铁路轨道交错等元素进行设计（图 2-15）。

以高铁车头作为主体元素，各主题元素互相融合，最终形成概念二具有抽象风格的产品线 LOGO 设计方案，如图 2-16 所示。

图 2-15 主题"叶"设计元素意象

图 2-16 概念二 产品线 LOGO 设计方案

3. 概念三：汉字和地域文化元素结合

概念三的方案构思是采用汉字与地域文化作为设计主体意象，产品线 LOGO 设计方案如图 2-17 所示。此概念方案未采用与高铁文化元素的结合。

图 2-17　概念三　产品线 LOGO 设计方案

4. 概念四：字义表达

概念四的方案构思是采用纯粹的字义表达，最终形成的产品线 LOGO 设计方案效果如图 2-18 所示。

图 2-18　概念四　产品线 LOGO 设计方案

5. 最终设计方案

上铁地产产品线LOGO的最终设计方案以简洁的高铁车头形象作为主视觉元素，结合"春""江""花""月""叶"的字义概念，通过组形、复叠的设计手法将高铁车头与表达字义的图形巧妙结合，在建立品牌形象及明确产品线定位的同时，强化了上铁地产旗下项目的专属性。

产品线LOGO的整体风格属于现代简约灵动型，在主题协调统一的基础上，"春""江""花""月""叶"每个主题各具差异化的形象塑造，形成强烈的系列感。另外，在色彩运用方面，同样考虑到各字本身的含义，采用现实场景中的自然色彩表达和谐自然又独具一格的理念，如图2-19所示。

图2-19　最终方案色彩来源

上铁地产产品线LOGO中均有飞驰的高铁列车车体形象，如图2-20所示。

图2-20　最终方案

LOGO"春"的颜色取自春天的"万紫千红"，更有上海市市花白玉兰的形象以体现春天的活力。LOGO"江"的颜色取自江水的蓝色，上半部圆形的背景象征着高铁事业如冉冉升起的太阳。LOGO"花"的颜色为红色,图案取自花蕊的意象。LOGO"月"的颜色取自黄色的月光,寓意"晓风明月"。LOGO"叶"的颜色取自叶子的绿色,象征着勃勃生机。

以简洁具象的高铁机车车头及车身形象作为主视觉元素,巧妙地将其与"春""江""花""月""叶"的字义概念相结合。这一创新性的设计思路,不仅凸显了高铁文化的现代感和速度感,更将地域文化的独特韵味融入其中。

高铁车头的设计具有线条流畅、充满力量的特点,预示着即将到来的飞驰与超越。车身形象则以其稳定、大气的特点,给人以安全感和信赖感。这些高铁元素的提炼与运用,恰到好处地展现了上铁地产产品线与高铁文化的紧密联系。

"春""江""花""月""叶"的字义概念,则为这一设计注入了浓厚的地域文化气息。春江的流动,象征着生命的活力和勃勃生机;花儿的盛开,寓意着美好和繁荣;月亮的皎洁,代表着宁静和温馨;叶子的繁茂,是生命力与希望的象征。这些元素与高铁形象的融合,使得上铁地产的产品线形象既具有现代感,又不失文化底蕴。

在整体风格上,上铁地产产品线 LOGO 采用了现代简约的设计手法,线条清晰,色彩明快,给人以强烈的视觉冲击。同时,通过差异化的形象塑造,每一套方案都独具特色,从而形成了具有高铁文化主题的鲜明的系列方案。这些方案不仅丰富了上铁地产的品牌内涵,更为其产品线增添了独特的魅力。

1) 元素分析

上铁地产产品线 LOGO 以飞驰的高铁列车形象为主体,并以产品线所处地域的文化元素作为辅助图形,融合形成具有高铁文化内涵的品牌形象方案,"春""江""花""月""叶"方案元素分解如图 2-21 所示。

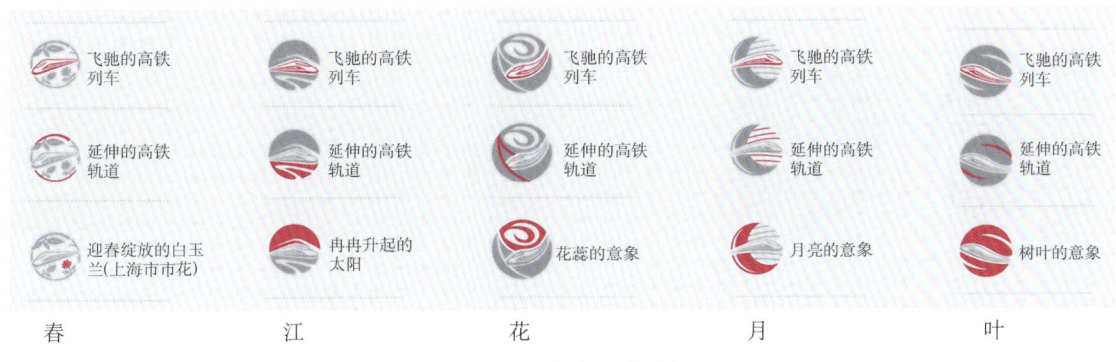

图 2-21　方案元素分解

在"春"主题中,将铁轨概括为一条弧线,与树枝的形进行呼应,形成 LOGO 设计的外轮廓,同时将上海市市花白玉兰做了扁平化处理,与外轮廓图形相结合,形成整体的设计方案,象征着上铁地产置业公司的事业如春天般充满着生机与希望,也象征着上铁地产置业公司以上海为核心"开枝散叶",不忘初心,昂首向前。

在"江"主题中,将高速铁路的轨道曲线元素与江的流水动线元素相呼应,在高铁列车图形的上方背景中嵌入冉冉升起的太阳元素,象征着上铁地产置业公司的事业蒸蒸日上。

在"花"主题中,高铁列车的图形呼应花的弧形,并将高铁的轨道岔口元素抽象成玫瑰花的花瓣轮廓,同时将花蕊进行概括化处理,把LOGO图形凝练为一朵玫瑰花瓣,象征着上铁地产置业公司抓住繁花盛开的契机,事业像艳丽的花朵一样欣欣向荣。

在"月"主题中,将高铁轨道呈类似放射状的形式进行设计,并利用正负形设计手法,使之与月亮的形状形成对比,最终组成一个整体,仿佛"秦淮月出潮初上"般浪漫而惬意,借用月的唯美恬静,寓意上铁人居的舒适悠闲,浪漫情感溢于言表。

在"叶"主题中,利用正负形态的设计手法,将高铁元素演化成树叶的茎,与整体的叶产生对比,形成"叶中有车,车中有叶"的设计形式,象征着上铁地产置业公司始终以无微不至的关怀,心甘情愿的奉献,坚持以人为本,以高铁标准打造千秋之家,开启美好人居新时代。

2)最终方案融合呈现

上铁地产产品线 LOGO 设计方案采用了立体效果,以增强品牌形象的视觉冲击力和辨识度。最终方案融合呈现效果如图 2-22 所示,全面展示了企业的品牌形象、企业文化、社会责任感和使命感,进一步提升企业的品牌价值和市场竞争力。同时,这一设计方案也将成为企业未来发展的重要支撑和推动力,引领企业在房地产行业中不断追求卓越、创新发展。

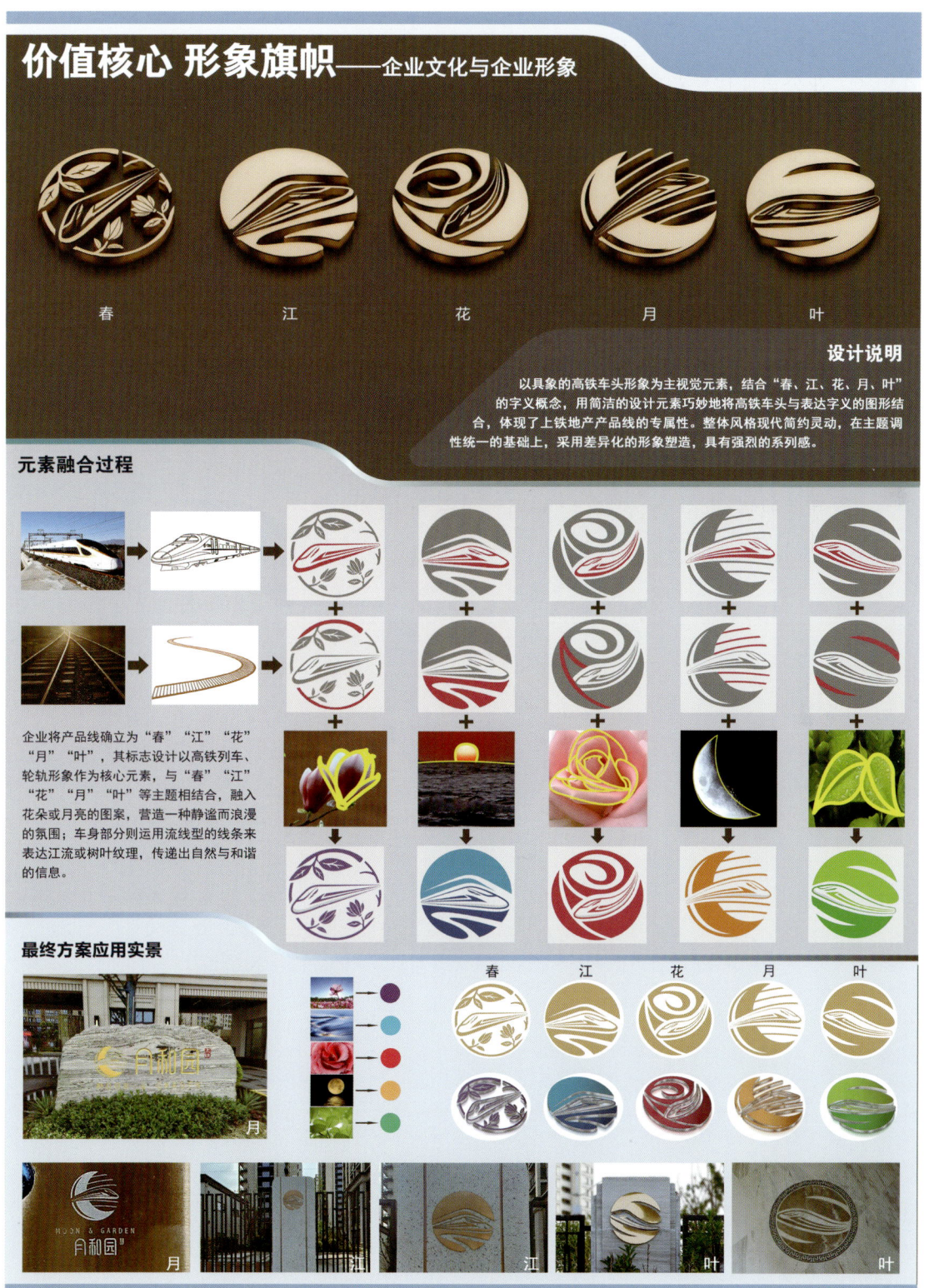

图 2-22 产品线最终方案融合呈现

第3章

精神灯塔　以形传蕴

——主题性雕塑

3.1 主题性雕塑概述

3.1.1 主题性雕塑的定义及内涵

在创作实践中,"主题"是指作品所传达的核心思想和中心概念,是创作主体通过作品向公众传达的深层含义。主题性雕塑作为一种造型艺术形式,其核心价值在于以雕塑的方式呈现主题思想,具有强烈的视觉冲击力和文化内涵。这种艺术形式多以人文精神、企业文化等为创作内核,通过对材料的挖掘和形态的塑造,展现出独特的美感和创意。在创作主题性雕塑时,灵感启发、表现方式的思考以及最终的作品呈现都离不开"主题"这一中心要素。只有把握好主题,才能创作出具有深刻内涵和艺术价值的雕塑作品。

主题性雕塑是表现特定对象的环境、历史和文化特征的重要艺术形式。它通过艺术语言将文化与形态相融合,明确表达区域空间的主题。雕塑与环境和谐共存,展现精神内涵,成为文化标志。同时,雕塑代表特定时期的追求和信仰,是历史进程的一部分,具有纪念和美育功能。

主题性雕塑作为环境空间的关键节点和视觉焦点,可以增强环境美感,传达象征意义和价值。景观雕塑是雕塑艺术在户外场所的应用,强调与环境的和谐融合,符合公众审美取向。其主要目的是美化环境,成为公共艺术的一部分。

主题性雕塑是一个多层次的艺术综合体,与人类社会演进和地域文化紧密相连,具有物质和精神双重维度,以及文化与审美功能。其核心原则在于有机融合人文环境和自然环境。

主题性雕塑的"主题"多为充满积极意义的历史及文化题材,它们承载着艺术家的创作意图和所要传递的信息。这些主题涉及范围较广,可以有关社会、文化、历史、宗教、人性等各个层面,旨在为观众呈现出一个丰富多彩的艺术世界。通过雕刻、造型或其他艺术手法,主题性雕塑以三维的形式生动地展现出这些主题。主题性雕塑不仅仅是静止的物体,更是充满生命力和情感的表达。人们在观赏这些雕塑的过程中,能够感受到作品所传递出的深层启发和情感,从而引发对主题的深入思考和共鸣。这种艺术形式不仅具有审美价值,更承载着文化传承和社会教育的使命。它能够激发人们的想象力,引导人们探索内心世界,并从中汲取力量和智慧。主题性雕塑以其独特的艺术魅力和深刻的文化内涵，成为我们生活中不可或缺的一部分，让我们在欣赏它们的同时，也能感受到艺术与生活的紧密联系。主题性雕塑的内涵如图3-1所示。

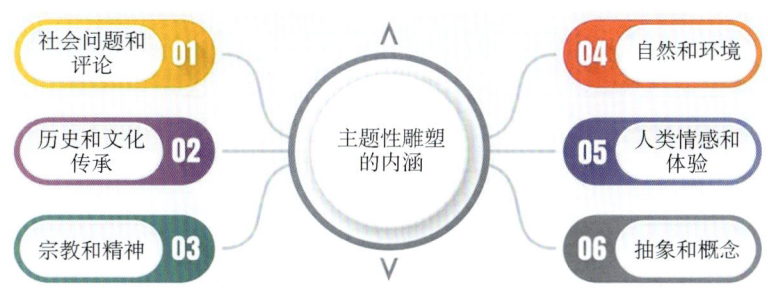

图3-1 主题性雕塑的内涵

3.1.2 主题性雕塑的意义及价值

雕塑作为一种独特的艺术形式，具有重要的社会价值和文化价值。

1. 文化承载

主题性雕塑作为一种重要的艺术形式，在文化承载方面具有显著的价值。它不仅是具有装饰性的艺术品，更是地区或企业文化、历史的载体。通过雕塑作品，人们能够深入了解地区或企业的文化内涵和精神风貌。主题性雕塑的设计灵感往往源于地区或企业的文化和历史，它能够充分展现地区或企业的独特魅力和文化特色。作为文化的重要载体，雕塑作品将地区或企业的核心价值与时代特色相结合，成为地区或企业的文化和精神象征。通过欣赏主题性雕塑，人们可以更好地了解地区或企业的文化底蕴和传承。这种文化承载不仅丰富了景观环境的文化价值，还为人们提供了深入了解和感受地区或企业文化的机会。在欣赏雕塑作品的过程中，人们能够感受到艺术的魅力和文化的底蕴，从而更加深入地了解和认同地区或企业的文化价值。

2. 纪念与教育

主题性雕塑可以用来纪念重要的历史人物或重大历史事件。人们透过雕塑可以感受到地区或企业的底蕴、进程、个性和愿景。此外，主题性雕塑还具有教育意义，可以让人们在了解和铭记历史的同时，解读和展望未来。

3. 美化与说明

主题性雕塑在美化环境方面的作用不可忽视。其独特的设计和精湛的雕刻技艺，不仅增添了空间的艺术气息，更为地区或企业打造了鲜明的形象。同时，作为说明性的艺术品，主题性雕塑通过具象或抽象的形式，生动地展现了地区或企业的特点和核心价值，使人们在欣赏的同时，也能深入理解和感受其背后的内涵。

4. 丰富生活体验

主题性雕塑在丰富生活体验方面具有显著作用。无论是小巧精致的摆件还是宏伟壮观的户外雕塑，它们都能够为人们的生活环境增添艺术氛围，提供美的享受。这些雕塑作品以其独特的造型和设计，为人们带来视觉上的冲击和心灵的触动。在日常生活中，人们能够与雕塑作品产生互动，从中获得情感上的满足和心灵的愉悦。此外，主题性雕塑还可以通过丰富的表现形式和主题，激发人们的想象力和创造力，推动艺术和文化的发展。它们不仅能够美化环境，提升生活品质，还能在潜移默化中影响人们的生活方式和审美观念。因此，主题性雕塑在丰富生活体验方面扮演着重要角色，为人们创造了一个充满艺术与美好的生活环境。

3.1.3　主题性雕塑的历史与发展

中国雕塑历史悠久，新石器时代和商周时期的作品多以动物和人物为主题，风格粗犷、夸张，具有装饰性。秦代追求写实和逼真，形成首个高峰。汉代继承秦代特点，风格雄健、刚毅。魏晋南北朝的佛教雕塑神秘夸张。隋唐时期，吸纳南北朝雕塑的成就和域外文化，创作出了众多与时代契合的杰作。宋代佛教雕塑世俗化，明清时期更注重实用和观赏性，形态各异。辛亥革命后，中国的雕塑创作开始接触并学习西方古典的雕塑技艺和理念。中华人民共和国成立至改革开放前，雕塑艺术以具象写实的纪念碑雕塑为主导。改革开放后至20世纪90年代，城市雕塑作为城市文化的重要组成部分开始兴起，具象写实雕塑依然是主流，但抽象雕塑开始慢慢流行。进入21世纪后，雕塑艺术开始更多地关注与环境的结合和景观塑造，呈现出更加多元化、创新化的趋势。图3-2所示为主题性雕塑发展演变过程中的相关作品。

图3-2　主题性雕塑发展演变过程中的相关作品

3.2 主题性雕塑的内容及分类

3.2.1 内容与分类方式

主题性雕塑是以特定主题为创作核心的雕塑作品,其内容主要由主题选择、形状结构、材料运用、色彩处理及与环境的空间关系构成。主题决定了整体风格与创作题材,它受环境、历史及审美等多重因素影响;形状与结构承载着主题表达;材料选择关乎作品的质感与观感,不同材料可强化或衬托不同的主题;色彩为雕塑注入生命力,营造特定的情感与氛围。同时,表面处理技巧为作品带来了独特的视觉感受。而环境空间关系是雕塑不可忽视的要素,作品需与周围环境和谐共融,彼此映衬。主题性雕塑的内容丰富多元,各元素紧密相连,共同成就作品的独特魅力与艺术价值。在创作过程中需全面考量、细致打磨,方可呈现出引人入胜的雕塑佳作。

我国的景观雕塑在经历了多年发展后,形成了造型各异、样式多变的风格和不同流派,可按照雕塑的形式、布置地点和材料进行分类,如表3-1所列。

表 3-1 景观雕塑分类方式

类型	种类
形式	圆雕、浮雕、透雕、综合雕塑,其他
地点	广场景观雕塑、街景景观雕塑、滨水景观雕塑,其他
材料	石雕、金属雕、木雕、陶瓷、复合材料,其他

3.2.2 主题性雕塑分类

1. 按形式分类

(1) 圆雕:作为一种三维立体的艺术形式,赋予了雕塑作品极高的观赏价值。它不仅可以从任意角度进行欣赏,而且每个角度都能呈现出不同的美感和细节(图3-3)。这种雕塑形式要求雕塑家必须具备深厚的技术功底和艺术造诣。艺术家只有经过长期的技艺磨炼和不断地艺术探索,才能创作出形态各异、生动逼真的圆雕作品。这些作品往往能够以其独特的艺术体验来吸引观众的目光,让人们沉浸其中,感受到雕塑艺术的无穷魅力。

(2) 浮雕:作为雕塑艺术的一种独特形式,具有深厚的历史底蕴和广泛的应用价值。它在平面上通过雕刻手法塑造出立体形象,给人以强烈的视觉冲击(图3-4)。根据立体感的强弱,浮雕可分为高浮雕和低浮雕两种类型。无论是装饰于

图 3-3 圆雕作品(上铁地产上海"石泉春晓"项目)

墙面、柱子等建筑物上的浮雕,还是独立存在的艺术品,都展现了浮雕独特的艺术魅力。这种艺术形式是建筑与雕塑相结合的产物,不仅为建筑增添了美感和文化内涵,同时也丰富了雕塑艺术的表达形式。在创作浮雕时,雕塑家需要充分考虑浮雕的形态、线条、光影等因素,以及浮雕的周围环境,如此才能创作出令人叹为观止的浮雕作品。

图 3-4　浮雕作品(上铁地产金华"江枫雅苑"项目)

(3) 透雕:又称镂空雕,是一种在石材、木材、金属等材料上以镂空手法表现形态的雕刻形式,通过剔除多余部分,只留下连接的枝节和部分内部结构(图 3-5)。透雕让形象若隐若现,既展现了形态的轮廓,又营造出轻盈通透的艺术效果。在透雕作品中,我们可以看到不同的植物、动物、人物或神话故事等主题。精湛的透雕技艺使得这些主题栩栩如生,给人以美的享受。与其他雕塑形式相比,透雕更加注重细节和层次感。这种雕刻形式不仅要求艺术家具有娴熟的技术,还要求他们具备丰富的想象力和创造力。

图 3-5　透雕作品(上铁地产合肥"高铁花园"项目)

（4）综合雕塑：一种集多种雕塑形式于一体的艺术表现形式。它巧妙地结合了圆雕、浮雕、透雕等多种雕塑手法。综合雕塑不仅继承了各种雕塑形式的优点，还通过创新手法将它们有机地结合在一起，从而创作出更加丰富、多样化的艺术作品。如图3-6所示，在综合雕塑中，圆雕的立体感与浮雕的层次感相互呼应，透雕的镂空效果则为作品增添了轻盈与通透的美感。这种多维度的艺术表现形式，使得综合雕塑在视觉上更加丰富多样，能给观众带来不同的感官体验。

图3-6　综合雕塑作品（上铁地产长兴"江锦云庐"项目）

2. 按地点分类

1）广场景观雕塑

广场景观雕塑作为广场的标志性艺术品，在文化传递中扮演着重要角色。它们不仅仅是简单的装饰品，更是广场甚至是城市的视觉焦点和代表性元素。广场景观雕塑的创作通常结合了区域文化、历史背景和企业愿景，每一件雕塑都具有其独特的艺术魅力和深厚的文化内涵。

这些雕塑作品气势磅礴，它们不仅仅是静态的存在，更是城市和企业精神的动态展示。无论是抽象的线条、立体的形态，还是细腻的质感，都为广场增添了浓厚的艺术氛围。同时，它们也是城市及企业文化的重要组成部分，反映了城市的独特魅力和企业的精神风貌。

广场景观雕塑在设计和创作过程中，需要充分考虑广场的主题、风格和功能，应与周围环境相协调，以营造出和谐统一的景观效果。这些雕塑作品能够反映出城市或企业的文化特色和精神风貌，成为人们了解城市文化和认同企业品牌的重要窗口。

优秀的广场景观雕塑不仅能够吸引人们的目光，更能引发人们的思考和共鸣。它们通过艺术形式，传达出深邃的思想和情感，激发人们对美好生活的向往和追求。同时，这些雕塑作品还能为人们提供一个休闲娱乐和交流的场域，增进人与人之间的交流和沟通，提升城市或企业的社会形象和文化品位。

在欣赏广场景观雕塑时,人们不仅能感受到雕塑本身的美感,更能从中领略到城市或企业的历史积淀和文化底蕴。因此,广场景观雕塑不仅仅是艺术品,更是连接人与文化、人与城市、人与企业的重要纽带(图 3-7)。

图 3-7　广场景观雕塑作品(上铁地产上海"石龙春晓"项目)

2)街景景观雕塑

街景景观雕塑是城市景观的重要组成部分,它们以独特的艺术魅力为街道增添了浓厚的文化氛围。这些雕塑通常被设置在街道两侧或道路交叉口等显眼位置,旨在为市民和游客提供视觉上的享受。

街景景观雕塑的创作灵感源于城市、企业的历史、文化和自然环境。通过巧妙地运用雕塑语言,艺术家们将平凡的街道角落变为充满艺术气息的景观。这些雕塑作品不仅具有观赏价值,更是区域文化的传承和展现。

在材质上,街景景观雕塑通常采用耐久性强、质感丰富的材料,如铜、钢材和混凝土等。这使得雕塑能够经受住时间的考验,可以与社区共同成长。同时,雕塑的造型和色彩也应充分考虑与周围环境的协调性,旨在创造出和谐统一的城市景观。

街景景观雕塑作为城市或企业文化的传播载体,对于提升城市或企业形象、丰富市民精神生活具有重要意义。它们不仅为社区增添了艺术氛围,还成为市民共同的文化记忆和情感归属地。随着城市的发展,街景景观雕塑将继续发挥其独特的艺术魅力,为城市注入更多的文化活力(图3-8)。

图3-8 街景景观雕塑作品(上铁地产杭州"云尚观澜中心"项目)

3)滨水景观雕塑

滨水景观雕塑通常位于河流、湖泊等水域旁,与水景交相辉映。这些雕塑线条流畅,形态柔和,与水景和谐统一,为市民提供优美的休闲空间(图3-9)。雕塑的设计灵感多来自自然元素,如水滴、波浪等,经过艺术家的巧妙转化,成为精美的艺术品。它们不仅美化了环境,更提升了市民的生活品质和城市形象,成为城市或社区的一大亮点。滨水景观雕塑也见证了城市的历史与文化,记录着社区或企业的发展和变迁。在欣赏这些雕塑时,人们能感受到艺术的魅力和社区的独特风貌,体验深厚的文化底蕴。这种艺术形式为城市增添了美丽的风景和文化的气息。

图3-9 滨水景观雕塑作品(上铁地产金华"江枫雅苑"项目)

3. 按材料分类

景观雕塑可采用多种材料制作,如石雕、金属雕、木雕、陶瓷和复合材料等。这些材料具有不同的特点和表现力,能够创作出多样化的艺术作品。石雕作品坚固耐用,金属雕作品现代感强,木雕作品自然质朴,陶瓷作品温润细腻,复合材料作品则兼具多种材料的优点,呈现出更加丰富的视觉效果(图3-10)。

图3-10　复合材料主题性雕塑作品(上铁地产金华"江枫雅苑"项目)

4. 其他分类方式

除了以上的分类方式,还可以根据雕塑的题材与运用性质进行更加细致的分类,如图3-11所示。

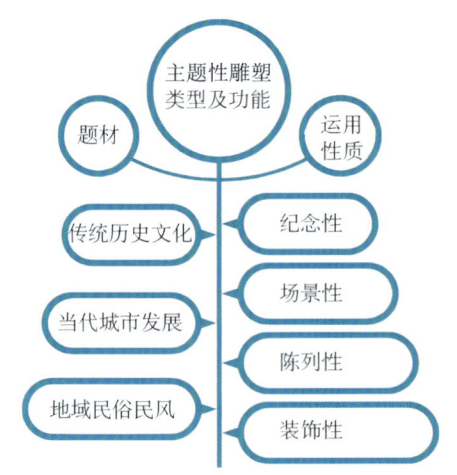

图3-11　按题材及运用性质进行主题性雕塑分类

3.3 高铁元素融合主题性雕塑过程

3.3.1 融合原则

企业主题性雕塑中融入高铁元素有助于展示企业文化、增强品牌形象、弘扬高铁精神、提升企业凝聚力和促进文化交流。高铁元素可以作为企业文化的象征,将高铁元素融入雕塑设计,可以向公众展示企业对高铁精神的追求以及企业的核心价值观和愿景。企业主题性雕塑可以成为企业品牌形象的重要组成部分,巧妙地将高铁元素与雕塑相结合,可以凸显企业的创新力和技术实力,提升企业的知名度和美誉度。高铁作为一种现代化的交通工具,代表着速度、安全、舒适和科技,将高铁元素融入雕塑设计,不仅可以弘扬高铁精神,还能展示企业的现代化形象和先进的技术实力。企业主题性雕塑可以成为企业内部员工共同的精神象征,将高铁元素融入雕塑设计,可以让员工产生共鸣和归属感,增强企业的凝聚力和向心力。企业主题性雕塑还可以成为企业与外界交流的桥梁,将高铁元素融入雕塑设计,可以向公众传达企业的文化内涵和精神风貌,促进企业与外界的文化交流和互动。

高铁元素与企业主题性雕塑的融合需要遵循以下原则,如图3-12所示。

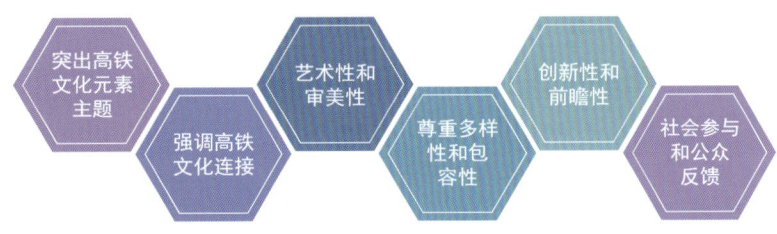

图3-12 高铁元素与主题性雕塑融合原则

1. 突出高铁文化元素主题

在将高铁元素与主题性雕塑融合的过程中,务必确保二者之间的紧密关联。这需要对高铁的外观特征、功能属性及发展历程进行深入细致的研究。通过精准捕捉高铁的独特魅力,如流线型车身、高速运行能力、深厚的文化底蕴以及科技创新精神等,从中提取出最具代表性的高铁元素,并将其巧妙地融入主题性雕塑中,使雕塑既展现出高铁的现代美感,又传递出企业的核心理念和文化价值。通过这样的融合,雕塑将成为连接高铁文化与艺术的桥梁,为观者带来全新的视觉体验和文化思考。

2. 强调高铁文化连接

高铁作为现代社会的标志性交通工具,其意义远超技术层面,蕴含着深厚的文化内涵和历史积淀。在将高铁元素与主题性雕塑融合时,须强调这种文化连接性。通过深入挖掘高铁所代表的速度、效率、连通性和时代精神,我们可以将这些抽象概念与地域特色、企业文化相结合,使雕塑作品不仅具有观赏价值,更成为传承历史、展现当下、启迪未来的文化载体。这样的雕塑将超越时空限制,成为连接过去与未来的文化桥梁,让人们在欣赏中感受到历史的厚重和未来的希望。

3. 艺术性和审美性

雕塑作为一种立体的艺术表现形式,其本身就承载着独特的审美追求和艺术价值。当我们将高铁元素与之融合时,更应注重艺术性和审美性的体现。在创作过程中,雕塑的线条、形态、色彩和材质等方面都需要经过精心设计和打磨,深入挖掘高铁的线条美、速度感和科技感,还要将这些元素以艺术的手法进行提炼和再创作,以确保其在视觉上具有吸引力,能够引起人们的共鸣和赞叹。同时,雕塑还应与周围环境相协调,无论是室内的陈设还是户外的景观,都应能与它们和谐共生,为所在场所增添一抹亮丽的艺术风采。

4. 尊重多样性和包容性

在主题性雕塑与高铁元素融合的过程中,尊重多样性和包容性尤为重要。这意味着在设计和创作时,需要充分考虑并反映出企业所服务的广泛人群的不同文化和背景。从元素选取到雕塑呈现,都应体现多元文化的融合与共生。同时,公众参与和理解的过程也应具有多样性和包容性,让每个人都能从自己的角度欣赏和理解雕塑,感受到其中蕴含的深意和美感。这样的雕塑才能真正成为连接人与文化、人与人的纽带。

5. 创新性和前瞻性

雕塑不仅用来反映现状,还应有前瞻性,可以预见并表达愿景。通过对高铁元素的创新使用,可以实现对前瞻性和愿景的表达。

6. 社会参与和公众反馈

在主题性雕塑与高铁元素融合的过程中,应积极邀请公众参与,收集并考虑他们的反馈。这有助于确保雕塑能够真正反映公众的审美需求和美好期望,同时也能增强公众对高铁和雕塑的认同感和归属感。

3.3.2 融合过程

高铁元素融合主题性雕塑所涉及的场景、材料、元素等具有复杂性和系统性特点,这就要求融合过程兼顾多方面的平衡和协调。需要考虑的不仅是融合的思路和方法,还包括雕塑置于环境中所涉及的诸如材料、工艺、水电、建筑等一系列技术、环境因素,并且必须熟悉及了解各类法规和法则。高铁元素融合主题性雕塑的过程如图3-13所示。

1. 前期调研

前期调研是高铁元素融合主题性雕塑过程中至关重要的一环。前期调研的首要任务是通过多种渠道,如文字记录、现场速写、摄影、在线资料查询等方式,对雕塑涉及区域的地理环境和现场状况进行调查和认知,收集第一手资料并整理出有价值的信息,为融合方案的制订及实施提供基础。

2. 分析和整合

筛选出与主题性雕塑相关的高铁要素并进行深入分析。同时,对设计环境进行全面分析也是至关重要的。分析是主题性雕塑设计创作的前提准备。在此阶段要重点考虑几点:①对设计对象的现状进行全面分析;②对初稿进行深化推导,突出高铁主题、元素融合形

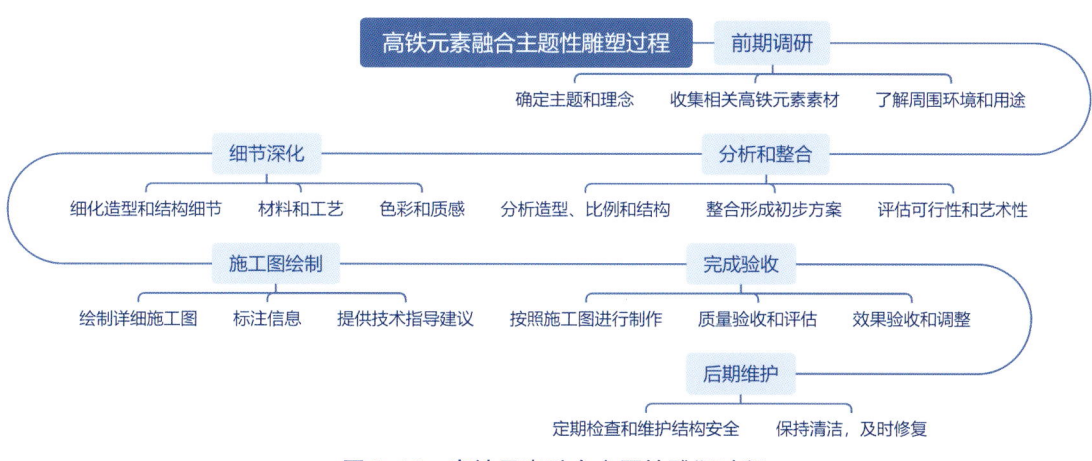

图 3-13　高铁元素融合主题性雕塑过程

式、雕塑大致形态,并进一步分析整合;③全面了解和分析现有环境的情况,包括地形、面积、空间形态等,之后再对分析结果进行整合,包括与人文资源的整合,提炼出有效要素,以提供整体感受;④分析空间、文化和功能等相关因素,并将分析结果应用于元素融合过程中,以解决可能的矛盾与问题,整合有用的设计要素。

3. 细节深化

(1) 材料选用。主题性雕塑需要材料与精神相统一,材料是设计创作的物质基础。不同材料能表达不同的雕塑美感。

(2) 雕塑材料与形意结合。通过草图和方案的逐步推演,将元素融合的思路及形式具体化。这一阶段需要在分析整合的基础上发散思维,不要过早排除方案,也不要过早纠结细节,否则影响思维的活跃性,不利于产生最佳方案。最理想的方案会在多种方案比选后被逐步完善。

(3) 深化融合。总体方案确定后,从各尺度层面上进行元素融合深化,贯彻主题思路,保持总体理念。

4. 施工图绘制

施工图是元素融合过程中的重要部分。随着雕塑施工的规范化,从构思到最终落地,施工图是必不可少的。它是设计师与施工单位沟通的桥梁,将元素融合的理念转化成现实作品。设计师将理念诠释为设计图,使得施工人员能够将设计理念转变为实际作品。

5. 完成验收

验收主要是对高铁元素融合主题性雕塑进行全面的检查和确认。这一环节旨在确保雕塑符合设计要求、安全标准和质量规范,同时检查雕塑的细节处理、材料使用以及整体效果等是否达到预期效果。通过严格的验收程序,可以及时发现并解决问题,从而确保雕塑的完美呈现,也为后期维护和长期展示奠定良好基础。此外,验收环节也是对前期工作的总结和评价,为今后的类似项目提供经验和借鉴。

6. 后期维护

这一环节包括定期检查、清洁保养、修复损坏等工作,以确保雕塑不受自然和人为因素的影响,延长使用寿命。后期维护是高铁元素融合主题性雕塑长期保持美观和完好的重要保障。同时,后期维护也涉及对雕塑周围环境的管理,以保持整体景观的协调性。通过专业的维护措施,雕塑的艺术价值和社会意义才能得以长期传承。

3.4　高铁元素融合上铁地产企业主题性雕塑实践

3.4.1　融合背景

在上铁地产置业公司系列项目中,雕塑扮演着不可或缺的角色。作为项目在文化层面的点睛之笔,雕塑在营造独特的文化氛围、装点环境空间、深化项目主题等方面发挥着至关重要的作用。然而,不少现存的雕塑在主题选择上较为分散,往往拘泥于传统模式,缺乏创新与突破。这在一定程度上限制了雕塑在传达企业形象与文化内涵方面的作用,无法充分发挥其应有的价值。因此,有必要对雕塑主题进行深入挖掘与拓展,以期在传承和创新中赋予其更丰富的文化内涵和表现力。

设计师以深邃的匠心与前瞻的视野,巧妙地将高铁元素融入艺术创作中,精心雕琢出"复兴之轮"和"复兴之路"两大主题性雕塑。这不仅是对企业独特的文化特色与形象魅力的充分彰显,更为企业发展注入了崭新的活力与澎湃动力。这两尊雕塑,如同企业精神的象征,既是对过去辉煌成就的回顾,也是对未来发展蓝图的展望。它们承载着上铁地产置业公司的梦想与追求,引领着企业不断前行,具有极其深远的意义与价值。人们在欣赏雕塑之美的同时,也能深刻感受到上铁地产置业公司对于国家"复兴"理念的坚定追求与执着践行。其价值不仅在于对企业文化的丰富与提升,还在于对社会文化、城市精神的积极引领与深刻影响。

两尊雕塑集中体现了企业的品牌核心价值——"高铁品质、焕新城市"。以"复兴号"车轮和高铁轨道为原型的雕塑,凸显了企业对于高铁品质的追求以及对城市焕新的承诺。通过艺术化的手法,将高铁的速度感、科技感与企业的创新精神、匠心品质完美融合,进一步强化企业文化的传播和认同。

两尊雕塑作为具有高铁特色的标志性符号,极大地提升了企业形象。它们不仅是企业文化的象征,更是企业实力的展示。雕塑的设计理念与企业愿景相契合,展现了企业对于成为具有高铁特色的城市综合运营服务商的坚定信念和追求。

此外,"复兴之轮""复兴之路"雕塑还承载着传承百年铁路文化的使命。通过结合中国传统文化元素和现代设计手法,雕塑不仅展现了高铁的现代感,也被赋予了深厚的文化底蕴。这种文化的传承与创新有助于提升企业的文化软实力和社会影响力。

3.4.2　"复兴之轮"主题性雕塑

"复兴之轮"主题性雕塑的设计方案融合了4种设计元素,如图3-14所示。

(1)初始灵感:"复兴号"高铁车轮。车轮的轻盈旋转代表着时光的不断奔流,同时也抓

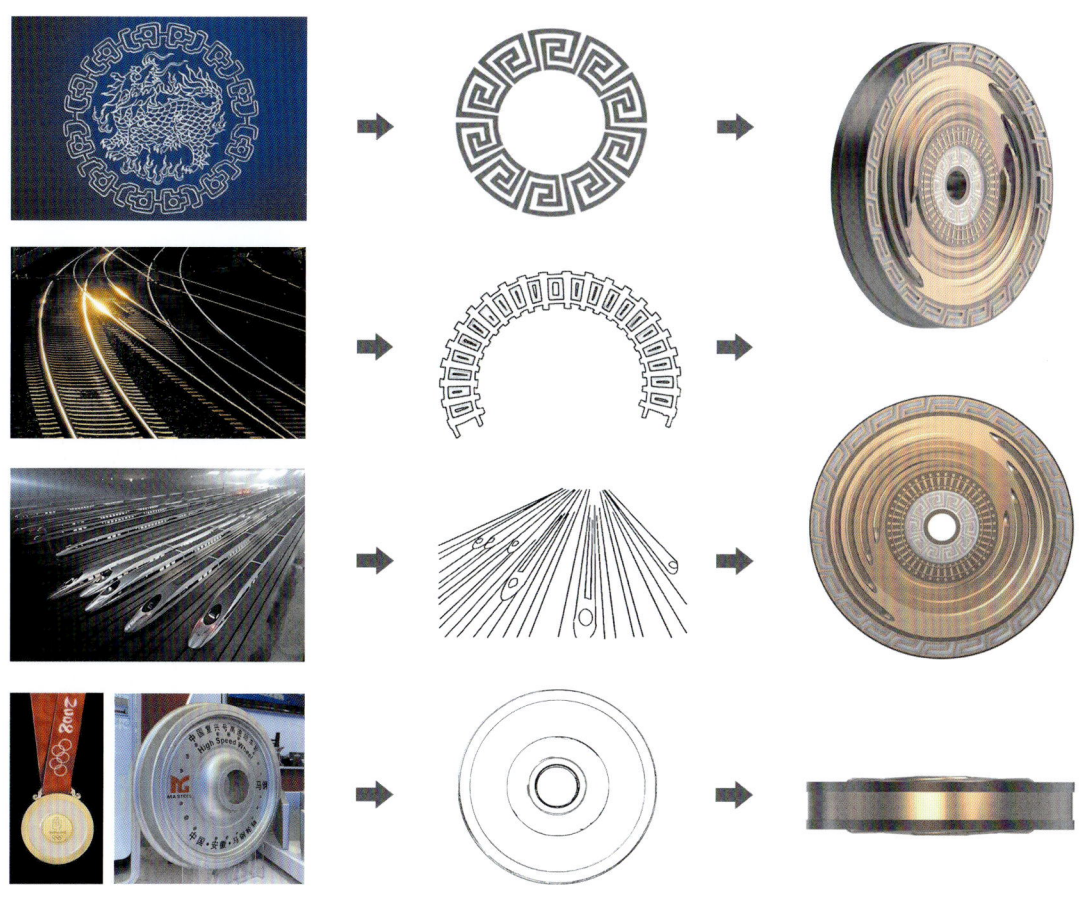

图 3-14 "复兴之轮"主题性雕塑设计方案

住了高速铁路所具有的高效与便捷特征。

（2）文化融合：金镶玉的尊贵与吉祥。"金镶玉"成为雕塑中独特且璀璨的点缀。这不仅是尊贵的象征，更寓意着吉祥和繁荣。通过融入传统文化元素，为雕塑赋予了深厚的文化内涵。

（3）动感表达：高铁列车是速度的化身，更是四通八达、无限发展的象征。设计时流畅的线条和动感的造型生动地表达了高铁飞驰的场景，为雕塑注入了生命力。

（4）连接历史与未来：轨道的专属符号。轨道不仅仅是一条线路，更代表了时空的纽带。我们将轨道设计成同时光隧道般延伸，连接过去与未来。这不仅是交通的载体，更是见证历史与创新交融的完美符号。

"复兴之轮"雕塑作品不仅仅是向现代交通的致敬，更体现了科技与文化的一种完美融合。它以高铁这一现代科技符号为载体，巧妙地将中国传统文化元素融入其中，形成了一种独特的美感和艺术风格。在欣赏这座雕塑的同时，我们不仅能够感受到高铁带来的速度和便捷，还能深刻地体会到科技与文化的相互交融和共同发展。这种融合不仅展示了现代社会的进步和发展，也为我们指明了未来前进的方向。它像一座桥梁，连接着过去与未来，让我们在欣赏的同时，不禁对更加美好的明天充满期待。这座雕塑是时代的见证，也是未来的启航。

"复兴之轮"以"复兴号"车轮为设计原型,突出高铁主题元素,结合中国传统文化中金镶玉的工艺技法,将金属的质感与玉石的温润融合在一起,体现出雕塑作品的尊贵与典雅。雕塑的正反面均为八条"复兴号"高铁车身,形态上为盘旋环绕的形式,不仅表达出高铁的速度感,同时也寓意高速铁路的四通八达。车身上以浮雕形式篆刻了中国高铁发展的八个里程碑,将高铁轨道以图案化的方式进行呈现,体现出高铁文化元素的专属性。雕塑的内环与外环应用了中国传统装饰纹样"回形纹",与现代化的高铁车身形态有机地融为一体。"复兴之轮"的侧面造型源自平行的铁轨形态,紧密呼应高铁文化元素的主题,如图 3-15 所示。"复兴之轮"主题性雕塑多角度效果图如图 3-16 所示。

图 3-15 "复兴之轮"雕塑效果图

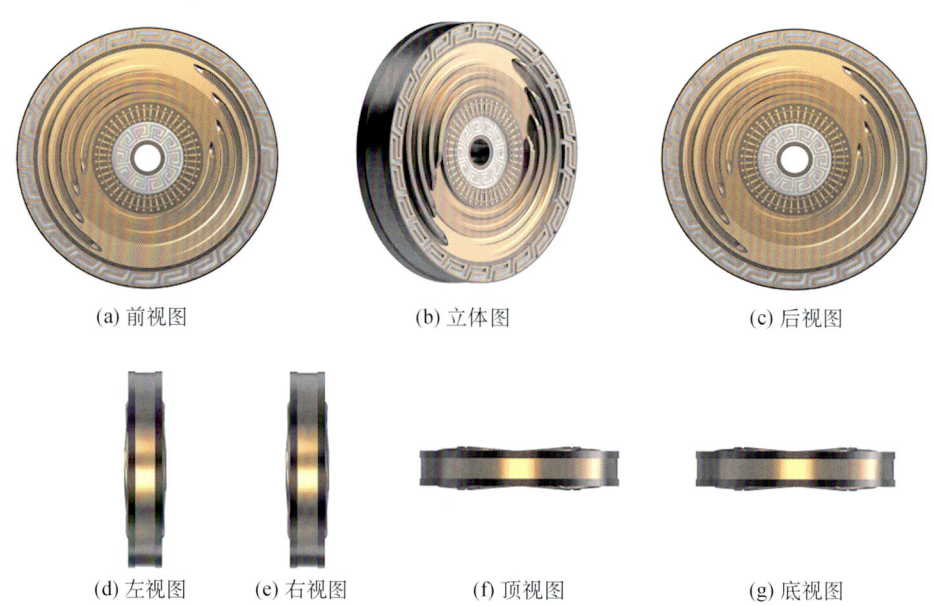

图 3-16 "复兴之轮"主题性雕塑多角度效果图

自2007年中国第一列"和谐号"动车组D460次列车从铁路上海站首发驶往苏州以来，中国的铁路建设取得了举世瞩目的成就。2008年，中国首条时速250 km的客运专线宁蓉铁路合宁段和首条时速350 km的高标准铁路京津城际铁路正式开通运营。2011年，世界上一次建成线路里程最长、标准最高的京沪高速铁路开通运营。2017年，中国自主研发的"复兴号"动车组在京沪高铁两端的北京南站和上海虹桥站双向首发。2019年，世界首条按智能化理念设计的时速350 km的智能化高速铁路京张高铁开通运营，为中国铁路建设注入了新的科技元素。与此同时，中国积极参与全球铁路建设，2021年高质量共建"一带一路"的标志性工程——中老昆万铁路，即"中老国际铁路通道"全线开通运营。同年，世界铁路建设史上地形地质条件最复杂的川藏高铁全面开工建设。

随着国家战略的高度重视和研发建设的重点投入，高速铁路已成为中国的"新名片"，我国的高铁技术水平处于世界前列。同时，作为一种文化符号，高铁承载着中国人的智慧和创新，展示着中国人的自信和骄傲。高铁文化是社会主义新文化建设和文化自信的重要组成部分，也是中国经济腾飞的代表性符号和精神动力。

"复兴之轮"主题性雕塑不仅是对中国高铁辉煌历程的纪念，更是上铁地产置业公司企业文化的象征和品牌策略的核心。它融合了高铁的速度、精准和力量，展示了中国人的智慧和创新精神。"复兴之轮"的设计巧妙结合了中国传统文化元素，彰显了尊贵与典雅，同时也突出了高铁文化的现代性和科技感。这一雕塑作品的建构，不仅强化了企业对于品质、效率和创新的追求，也提升了企业的品牌知名度和美誉度，成为企业文化自信与经济实力的有力体现。

3.4.3 "复兴之路"主题性雕塑

"复兴之路"主题性雕塑的设计方案融合了6种设计元素，其设计思路如图3-17所示。

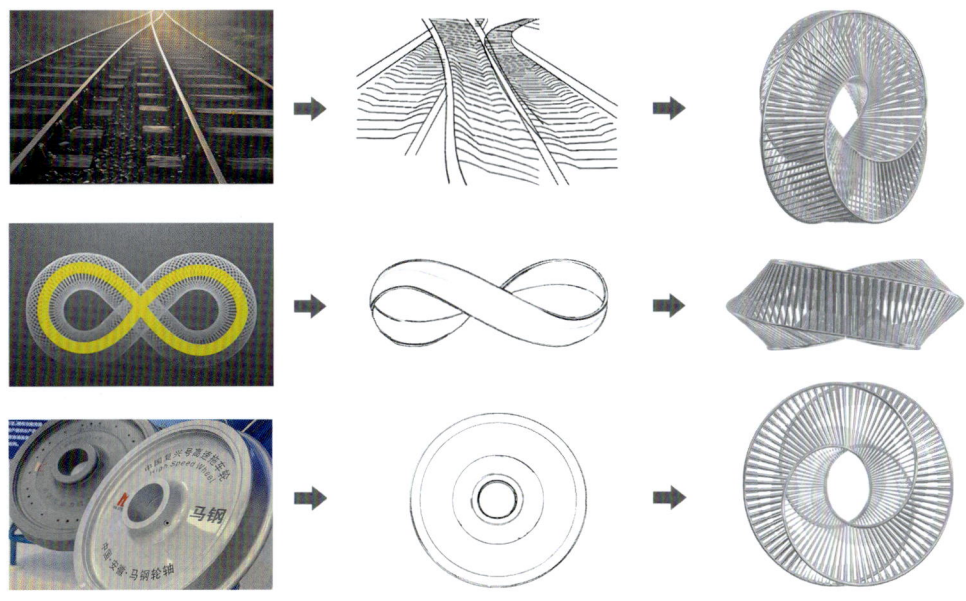

图3-17 "复兴之路"设计思路

(1) 初始灵感:"复兴号"高铁车轮。

(2) 网络象征:轨道(高铁网络)。将高铁网络融入设计,轨道不仅是一条线路,更是"复兴之路"的专属符号,如同城市的血脉,连接着不同地域,为雕塑增添了发展与连接的美好寓意。

(3) 永恒的发展:莫比乌斯环。其独特结构传递了持续发展、永无止境的哲学思想,同时也表达了"复兴之路"上的坚定前行。无论过去、现在还是未来,都是一个不断演绎的循环。

(4) 反射周边景色:如镜的金属。雕塑在反射中将周边的景色融入其中,不仅让雕塑与环境相融,也象征着对社会和周边自然环境的回应,呼应了"复兴之路"与周遭世界的互动。

(5) 现代抽象之美:抽象简练的雕塑。这种抽象简练的表达方式既凸显了主题,又留白给观者自由的联想,为"复兴之路"赋予了更多的想象空间。

(6) 生生不息的象征:圆转如意。寓意着生生不息的发展,传达了对未来美好生活的向往,表达了对"复兴之路"的坚定信念。

"复兴之路"主题性雕塑不仅是一个静态的艺术品,更是一个充满生命力的时代象征。该雕塑作品在设计中巧妙地融合了现代交通的流线美、网络发展的互联互通、哲学思考的深邃以及环境互动的和谐共融(图3-18)。这条以高速铁路为原型的"复兴之路",旨在通过抽象而简练的艺术形式,为观者呈现出一幅连接创新与传统、过去与未来且永不止步的壮丽画卷。它勾勒出的不仅是一条道路,更是一种精神、一种追求,让人们在欣赏其外形美的同时,也沉浸在对国家复兴和美好未来的无限期许之中。

图3-18 "复兴之路"雕塑

"复兴之路"主题性雕塑,以上铁地产置业公司深厚的铁路文化背景为底蕴,巧妙地以高铁轨道为设计原型,将经典拓扑学结构——莫比乌斯环融入其中。这一独特的设计构思不仅赋予了雕塑作品深邃的科学内涵,而且寓意着中国高铁的持续发展之路和未来无限的可能。

线性铁轨元素作为高铁的专属符号,被巧妙地融入雕塑作品的每个角落。它们纵横交错,如同中国日益完善的高速铁路网络,将全国各地紧密连接在一起。同时,铁轨又被巧妙地环绕成高铁车轮的形状,寓意着高速铁路的滚滚向前以及国家的繁荣昌盛。这种圆转如意、生生不息的寓意,与上铁地产置业公司的企业精神不谋而合。

在"复兴之路"主题性雕塑的细节处理上,同样匠心独运。每一根钢管都采用粗细不一的三段式衔接结构,这种设计不仅增强了雕塑的韵律感,也使得整个作品在细节上更加丰富多变。在材质的选择上,更是体现出鲜明的特点。自然通透的镜面不锈钢,不仅能够反射周边的景色,体现出雕塑作品与周围环境和谐共融,更是在光影变幻中,为观者带来一种别样的视觉体验。

"复兴之路"雕塑作品的设计风格简约现代,主题明确,动感十足。这种设计风格不仅符合国际化的设计趋势,更展示了具有铁路特色的城市综合运营服务商的独特魅力和前瞻视野。企业通过"复兴之路"主题性雕塑作品,向世界传递了一个明确的信息:在高铁时代的浪潮中,我们将以不断创新的精神和精良卓绝的品质,持续焕新城市,助力国家复兴。

"复兴之路"主题性雕塑在设计方案中巧妙地融合了多种设计元素,以现代交通、网络发展、哲学思考和环境互动等为灵感源泉,勾勒出一幅独特而引人深思的艺术画卷。"复兴之路"主题性雕塑多角度效果图如图3-19所示。

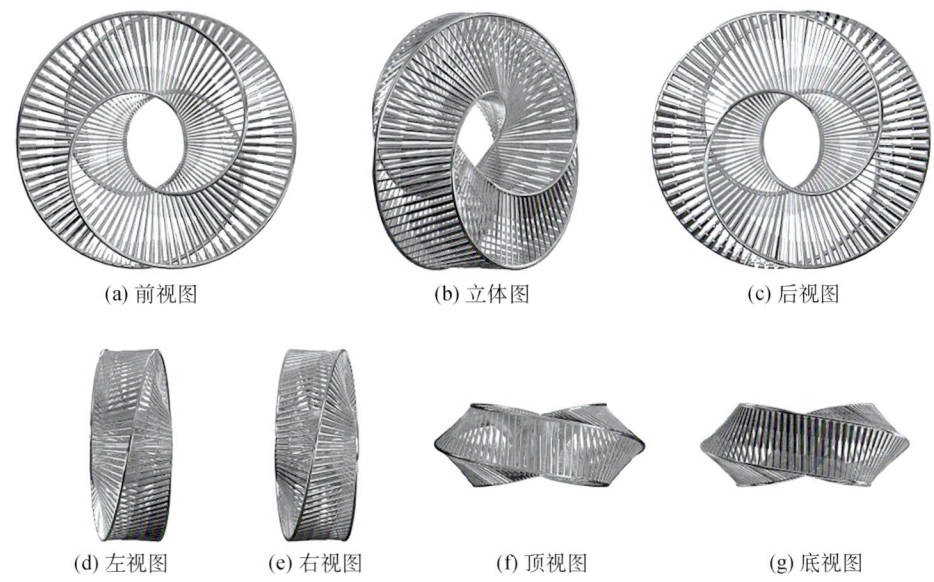

图3-19 "复兴之路"主题性雕塑多角度效果图

将高铁网络转化为轨道纹理,使之成为"复兴之路"的特有印记,编织成连接不同地域的纽带,赋予作品发展与联结的意义。

莫比乌斯环的奇异构造传达了持续进步、无尽发展的哲理。沧海沧田,轮回变幻,复兴之路坚毅前行。

镜面般的金属材质使雕塑与四周环境和谐相融,交相辉映,进一步彰显了"复兴之路"与世界的紧密关联。

3.4.4 最终成果融合呈现

"复兴之轮"(图 3-20)和"复兴之路"主题性雕塑均获得国家知识产权外观设计专利。这两个主题性雕塑分别在上铁地产置业公司于南京"淮风晓月"与"月和园"及连云港"叶海华庭"等项目中完美呈现,如图 3-21—图 3-25 所示。主题性雕塑作品犹如画龙点睛之笔,使项目品质得到了质的飞跃。这些雕塑作品不仅赋予了空间以深厚的文化底蕴,更成为传递企业文化的有力媒介,每一处细节都透露出企业的独特魅力和卓越形象,让人们在欣赏之余,也能深刻感受到上铁地产企业文化的独特魅力。

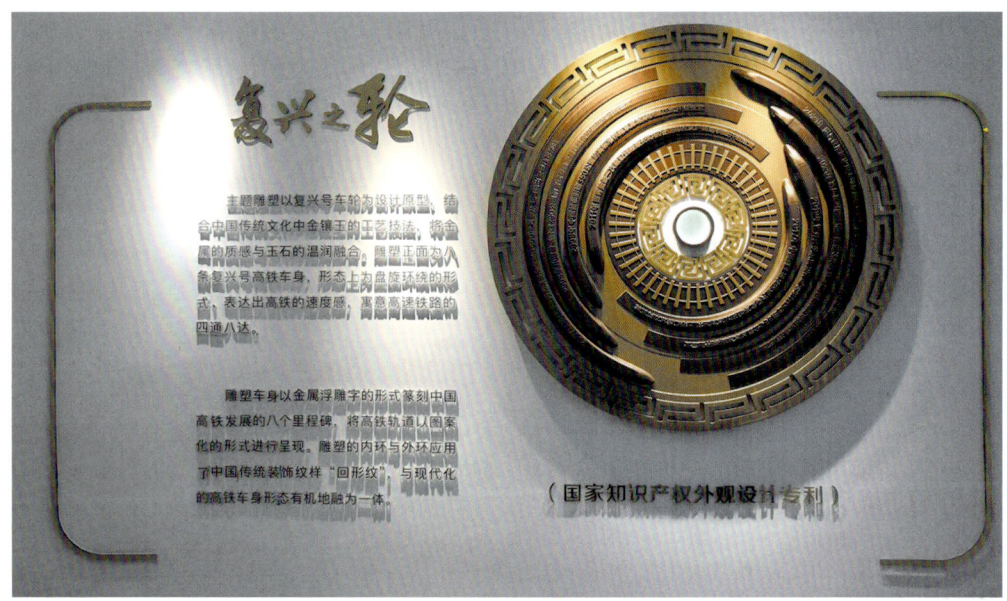

图 3-20 主题性雕塑"复兴之轮"实景图(上铁地产企业文化墙)

图 3-21 "复兴之轮"实景图(上铁地产南京"淮风晓月"项目)

图 3-22 "复兴之轮"实景图(上铁地产南京"月和园"项目)

图 3-23 "复兴之轮"实景图(上铁地产连云港"叶海华庭"项目)

图 3-24 "复兴之路"实景图(上铁地产连云港"叶海华庭"项目)

图 3-25 "复兴之路"实景图(上铁地产南京"淮风晓月"项目)

  主题性雕塑设计最终成果融合呈现如图 3-26、图 3-27 所示,以"复兴之轮""复兴之路"为核心元素,展现了中华文化的深厚底蕴,融合了现代设计的前瞻性。它们不仅是艺术品,更是上铁地产置业公司品牌精神的象征,凸显了企业对城市发展的坚定承诺和对中华民族伟大复兴的深切期望。这些主题性雕塑设计成果不仅提升了企业的品牌形象,也为城市的文化建设增添了新的亮点。

第3章 精神灯塔 以形传蕴——主题性雕塑

图3-26 "复兴之轮"成果融合呈现

高铁文化元素融合与实践——上铁地产企业形象与产品线创新

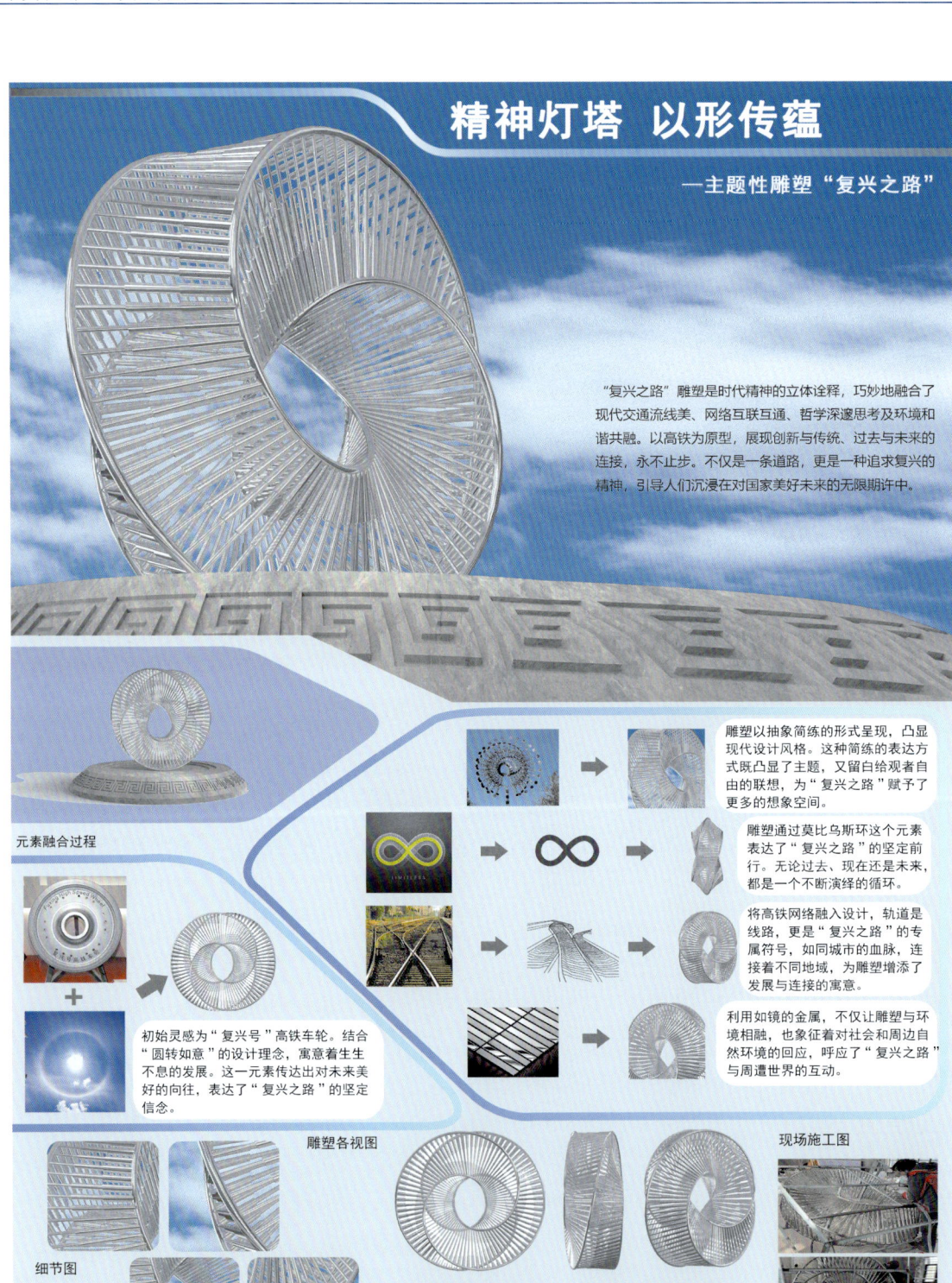

图 3-27 "复兴之路"成果融合呈现

第 4 章

视觉先导　方向指引

——导视系统

4.1　导视系统概述

4.1.1　导视系统的定义及内涵

导视系统的概念源于西方,是指一个区域完整的信息指示系统。"导视"按其字义可理解为导向、指示、引导与视线。导视系统的目标是通过合理地布置标识以提供清晰明了的指引,使人们能够轻松到达目的地。导视系统帮助人们识别方向与认知空间环境,参与场景服务的构建,并通过自身的设计语言传递文化意象。同时,它也是空间环境布局中的重要环节以及环境设施的一部分,更是营造风格、塑造文化的重要组成。

通过合理的布局和设计,导视系统可以辅助人们达成系列出行需求。例如,住宅中心导视设计通过合理的导向标识和导视系统布置,为居民提供居住区域的导引和信息,帮助他们迅速找到目的地;商场中的导视系统设计不仅可以告诉顾客商品所在位置,还能通过设计来传达品牌理念和形象。

导视系统中的标识大多是指导向标识和广告招牌等。"标识"是指把想传达的内容用符号加以表示,是公共环境中的重要元素,不仅是环境的参与者,还是环境的创造者。就营造环境氛围而言,导视标识具有与雕塑、建筑物同样强有力的作用。

导视系统用英语表达有三个对应的单词:"sign""signage""wayfinding"。"sign"指标识,就是把想要传达的事情用记号来表示的形式和做法。"signage"指标识系统,其范围比标识更大,涵盖了更多的指示信息。标识既然构成系统,就表明它已不是一个孤立的牌子,而是具有群体性、完整性的系列化产物。"wayfinding"指导视系统,是指公众在公共场所行动需要了解的信息,包括场所地点信息、服务功能信息、行为提示信息等。它承担着引导、说明、指示等功能,是环境布局的重要环节,也是营造风格、提升文化的重要部分,应在任何公共场所恰当的位置,以最佳的方式给人们提供所需信息。"sign""signage"和"wayfinding"三者的关系是一个逐步扩大、逐层包含的层次关系。"sign"在"signage"范围内,"signage"又在"wayfinding"范围内,"sign"与"signage"都是"wayfinding"不可或缺的重要元素,在导视系统中发挥着重要作用。

导视系统作为人与自然环境之间的桥梁,不仅需要满足人们基本的导航需求,还要与自然环境相协调,促进人类与自然环境的和谐共生。导视系统的设计和实施涉及多个学科领域的知识和技能,包括平面设计、人类行为心理学、城市规划、环境科学以及多语言交互等。

导视系统设计(Wayfinding System Design)旨在进行环境分析后对导视系统进行规划,使参观者能够有效地接收信息并为其指引方向。不论人们身处空间中的什么位置,导视系统都能为其提供最佳的导视信息,从而提高人们的行动效率。导视系统设计不仅包括标识牌、导视牌或地图等平面元素,还包括空间构架、空间节点、空间动线等空间分析,需要将色彩、图形、造型、材料、建筑、景观等结合起来,形成与建筑及周边环境相融合的系统性的样式设计。导视系统的定义与内涵如图4-1所示。

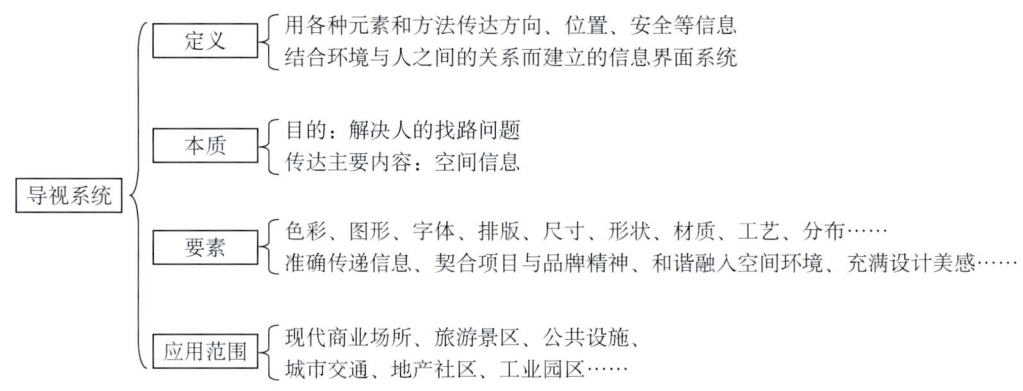

图4-1 导视系统的定义与内涵

4.1.2 导视系统的意义及价值

导视系统是一种用于引导人们在特定场所内快速找到目的地的指示系统。它通常包括地图、标识、指示牌、导览设备等组成部分,并通过使用技术手段(如数字化显示、声音提示、定位追踪等)向人们提供信息。

导视系统在地产领域有着重要的意义与价值,如图4-2所示。

1. 提升用户体验

导视系统可以帮助访问者或潜在客户更轻松地了解和参观地产项目。清晰的导视信息可以提升用户的整体体验,使其感到更加方便和舒适。

2. 促进地产项目销售

导视系统可以引导访问者流畅地浏览整个地产项目,从而有助于提高项目的可见性和吸引力,促进销售。

3. 有效的品牌展示

导视系统是地产项目重要的品牌展示平台。通过统一的设计风格、标识和信息传递,导视系统可以成为地产项目整体品牌形象的延伸,增强品牌在访客心中的印象。

图 4-2　导视系统在地产领域的意义与价值

4. 提高项目可达性

大型地产项目或综合体可能包含多个建筑物、停车场、商业区等复杂的空间结构。导视系统通过提供准确的导航信息,帮助人们更容易找到他们想要到达的位置,从而提高项目的可达性。

5. 解决导航难题

某些地产项目(如大型住宅小区、商业园区、办公楼群等)可能存在复杂的布局,通过导视系统精准的导航引导,可以解决访客在这些区域中迷失方向的问题。

6. 增强社区体验

对于住宅社区而言,导视系统不仅提供了导航功能,还可以包含社区活动、设施信息等内容,以增强居民的社区体验。这对于创造一个有凝聚力的社区环境至关重要。

7. 提高管理效率

导视系统不仅服务于访客和居民,还对地产项目的管理者有利。通过追踪导视系统的使用数据,管理者可以了解流量分布、热门区域等信息,从而可以更有效地进行项目管理和规划。

8. 符合可持续发展趋势

一些先进的导视系统利用数字技术,如交互式屏幕、手机应用等,提供更个性化的导览服务。这符合现代城市发展的可持续趋势,也提高了导视系统的灵活性和可定制性。

总而言之,地产领域的导视系统不仅是一种导航工具,更是一个与品牌塑造、用户体验、销售推动和社区建设等紧密结合的综合解决方案。有效的导视系统设计不仅有助于地产项目在竞争激烈的市场中脱颖而出,还能为访客、居民和管理者提供更好的服务和体验。

4.1.3 导视系统的历史与发展

尽管导视系统作为一种完整的系统在近代才开始产生，但其渊源已久。导视系统的历史发展如图 4-3 所示。早在旧石器时期，人们在狩猎时使用象征符号进行信息交流和记录，通过在石头、树木、绳子等上做标注来标记路径，帮助记忆，为顺利返回驻地提供了重要帮助。

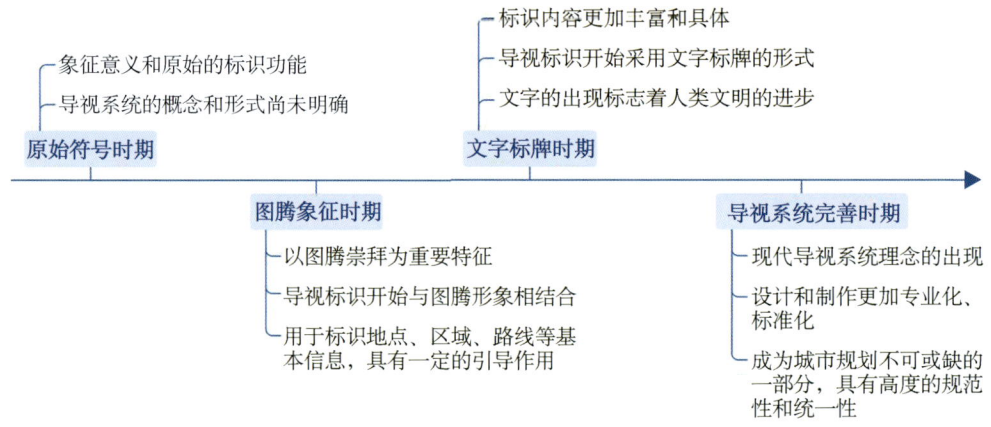

图 4-3 导视系统的历史发展

在新石器时代中晚期，图腾崇拜的出现进一步充实和发展了符号的内涵和形式。不同部落对于图腾的崇拜使其不仅具有独特的文化内涵和标识，还成为艺术领域中绘画、雕塑和工艺美术等方面丰富表现的对象。图腾在各族群中起到指引、识别和表达独特文化的作用，可视为最初形态的导视系统。

随着文字的出现，原始导视系统得到了更多的拓展。文字的发展使表达更为严谨精确，旧时商店门前常悬挂"幌子"，如酒楼门前的"酒"字、茶楼门前的"茶"字等，直接传达店铺的功能和性质，类似于现代导视系统的功能。

在科技进步和现代主义设计思想的引领下，工业时代的欧洲和美国都建设了大量的交通基础设施和公共建筑。城市发展和建筑环境的改变对导视系统产生了相应的要求。导视系统成为引导人们在复杂城市环境中导航的必要工具。

4.2 导视系统的内容及分类

4.2.1 导视系统内容

现代意义上的导视系统是一种结合了环境与人之间的信息界面系统，它不再仅仅是由单一的材料、造型或加工形式来进行界定的项目，而是融入了物业综合运营的系统规划项目。它也不再是孤立的单体设计或简单的标牌，而是整合了品牌形象、建筑景观、交通节点、信息功能甚至媒体界面的系统化设计。

导视系统主要包括以下几方面内容：

（1）指示。导视系统提供方向和位置信息，以帮助人们找到目的地。

（2）识别。通过标识、符号、色彩等元素，导视系统帮助人们识别不同的场所、设施或品牌。

（3）信息。导视系统提供必要的信息，如介绍、说明、警示等，以满足人们的不同需求。

（4）营销。在商业环境中，导视系统还可以作为营销手段，吸引顾客的注意力，提升品牌形象。

4.2.2 导视系统分类

根据功能性质，导视系统可分为基础型、定位型和信息型，以分别满足不同层次的导向需求。按应用场景，导视系统又可分为室内导视和室外导视，以适应不同的环境特点。从标识形式来看，导视系统可分为文字导视和图形导视，各有其独特优势。此外，在技术分类方面，导视系统可分为传统导视和数字导视，后者借助现代技术可实现更为智能和便捷的导航服务。这些分类方式相互交织，共同构成了导视系统的多元化体系，如图4-4所示。

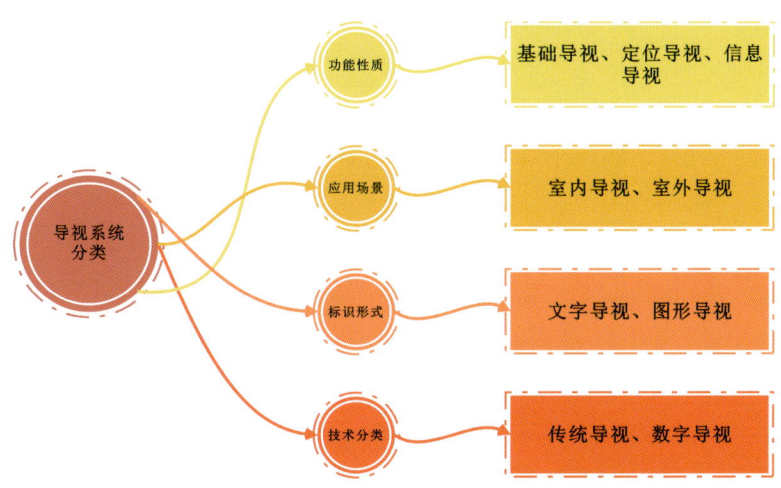

图4-4 导视系统分类

1. 按功能性质分类

1）基础导视

基础导视是为了方便人们在一个区域内找到目的地而设置的基本导向标识和信息牌，包括指示牌、地图、标识牌和方向标识等，如图4-5所示，以提供整体布局和方向导向的基本信息。基础导视主要帮助人们快速了解区域结构和导航路径，引导他们到达目的地。

图4-5 基础导视（上铁地产合肥"高铁花园"项目）

2）定位导视

定位导视是为了在大型建筑物、公共场所或复杂环境中帮助人们准确定位和导航而设置的导视元素，包括楼层指示牌、楼梯指示、电梯指示和安全出口标识等，如图 4-6 所示。定位导视通常提供详细的楼层、区域和设施导引，以帮助人们快速找到所需目标位置。

图 4-6　定位导视（上铁地产上海"石龙春晓"项目）

3）信息导视

信息导视主要提供与目的地相关的详细信息，如展览、活动通知、公共交通信息和服务设施等。信息导视常见的形式包括展示板、广告牌、电子显示屏、导览系统和 App 等。它们通过文字、图像和多媒体等方式，向人们提供相关信息和指导，从而增强用户体验和提供更多服务。

这三种导视形式相互补充，共同构成一个完整的导视系统，以满足人们在不同环境、不同场景中的导航和信息需求。基础导视提供整体方向引导，定位导视帮助人们准确定位，信息导视则提供更多具体的信息内容，从而使导视系统更加全面和实用。综合运用这些导视形式可以实现有效的空间导航和信息传达，以提升用户体验和方便性。

2. 根据应用场景分类

1）室内导视

室内导视是指在建筑物内部设置的导视系统，旨在帮助人们在室内空间中找到目的地，主要应用于大型建筑物、商场、医院、机场、火车站和会议中心等场所。室内导视通常包括楼层指示牌、楼梯指示、电梯指示、房间号标识、路线指示等，如图 4-7 所示。室内导视通过提供详细的楼层、区域和设施导引来帮助人们准确定位和找到所需目标。在复杂的内部环境中，它们的作用尤为明显。

图 4-7　室内导视（上铁地产上海"石龙春晓"项目）

2）室外导视

在户外空间设置导视系统主要帮助人们在室外环境中导航和找到目的地。室外导视主要应用于城市街道、公园、校园、景区、商业区等，通常包括街道指示牌、路口指示、地标标识、公共交通站点指引、停车指示等。室外导视通过标识和指示牌提供方向和位置信息,帮助人们找到特定地点和设施,如图 4-8 所示;同时,也提供公共交通和停车等相关信息,以提升人们在室外区域的导航体验。

图 4-8　室外导视(上铁地产合肥"高铁花园"项目)

室内导视和室外导视的设计原则和要求有所区别。室内导视需要考虑建筑物内部的结构、楼层布局和房间划分,以及人们在不同区域内的导航需求。室外导视则需要考虑道路网络、公共交通系统、人行流动性和标识的可见性等因素。在实际应用中,室内导视和室外导视可以协同工作,以构建一个连贯的导视系统,从而给人们提供全方位的导航和指引服务。

3. 依据标识形式分类

1) 文字导视

所谓文字导视就是通过文字信息来提供导航和指引。常见的文字导视形式包括指示牌上的文字说明、楼层指示牌上的房间号码和楼层名称、标识牌上的文字标识等,如图 4-9 所示。文字导视的优势是能够准确传达信息,特别适用于提供具体的位置描述和详细指引。

2) 图形导视

所谓图形导视就是通过图形和符号来传达信息和指引。常见的形式包括箭头指示、地图图标、图案符号等。图形导视的优势是可以提供快速识别和理解的可视信息,特别适用于引导人们在复杂环境中迅速找到目标。上铁房地产公司导视系统设计图标规范中的图形导视如图 4-10 所示。

图 4-9　文字导视(上铁地产金华"江枫雅苑"项目)

文字导视和图形导视可以相互结合以提供更全面和清晰的导航信息。文字导视强调准确的信息传达和细节表达,而图形导视强调视觉化和符号化的信息呈现。根据实际需求和环境特点,可以选择合适的导视形式或交叉融合使用,以满足用户的导航及指引需求。

图 4-10　上铁房地产公司导视系统设计图标规范中的图形导视(2019 年版)

4. 依据技术分类

1) 传统导视

传统导视通常采用非数字化的传统媒介(如标识牌、指示牌、地图、标志等)来传达信息和指引。它是一种基于静态物理元素的导视系统,可以通过文字、图形、符号等媒介展示目的地的位置、方向、距离等导航信息。传统导视的常见形式有路牌、指示牌、导视标识等,如图 4-11 所示。

图 4-11　传统导视(上铁地产徐州"叶景华庭"项目)

2) 数字导视

数字导视是基于数字媒体和技术的一类导视系统,利用电子显示屏、投影技术、导览系统、移动应用等数字化工具来传达导航和指引信息。数字导视具有动态、实时性和可交互性的特点，可以根据需要实时更新和调整展示的信息内容。它可以通过电子地图、动态指引、语音提示、虚拟导游等方式提供更丰富、更个性化的导视服务，如图4-12所示。

图4-12　上海虹桥枢纽数字导视

传统导视和数字导视各有其优势和适用场景。传统导视直观、易于理解，适用于相对简单的导视需求、低技术设备要求或无电源供应的场所。而数字导视更加灵活、可扩展和交互性强，适用于复杂的导视需求、需要实时更新信息或提供个性化导览体验的场景。

在实际应用中，传统导视和数字导视可以结合起来使用，相互补充。例如，可以在室内区域使用传统导视进行基本的定位和导引，而在大型公共场所或复杂环境中，可以采用数字导视来提供更详细、实时的导航信息和互动体验。综合运用传统导视和数字导视，可以提供更全面、高效的导视服务，以满足用户的不同导览和导航需求。

4.3　高铁元素融合导视系统过程

4.3.1　融合原则

导视系统在不同的空间中有不同的设计要求，如博物馆的导视系统要求视觉统一、实用简洁、清晰有效等；购物中心的导视系统需要与购物中心风格匹配、动线吻合、标识识别性高、宜更换、突出展示元素等；医院的导视系统应干净整洁、肃穆安静、养目凝神。总的来说，导视系统在不同的空间中有不同的设计要求，但都应遵循统一性、可识别性、文化性、人性化和智能化这五个基本原则。

在地产领域，高铁元素与导视系统的融合同样需要遵循以下原则。

1. 统一性

统一性即风格统一。高铁元素与导视系统融合时要注意保持关联性，进行符号语言的统一运用，以达到标准化和规范化。导视系统作为一个具有指示和引导功能的服务系统，并不是单一的存在,这就严格要求了系统内部的所有个体需要风格统一,包括字体、色彩、图形、材质、布局和交互规范的选择。高铁元素与导视系统的融合需要确保风格、配色方案、字体和图标的一致性,以创造出整体统一的视觉形象。在融合过程中需要考虑并遵循相关行业标准和规范,如访问通道、标识尺寸、颜色对比度、文字大小等方面的要求,以确保符合一致性、标准化、易读性和易理解性等规范标准。同时,可通过制定相应的规范和标准来达到在不同场景和环境中的一致性和可读性。

2. 识别性

高铁元素与导视系统融合的意义是实现更佳的传达、沟通、识别和传播,要求是需要具备良好的识别性、可读性和连贯性,同时,要兼顾不同地区和不同文化的认知习惯,如对颜色、图像和语言的理解方式等。在进行元素融合时,应考虑不同观众的文化背景和认知特点,采用符合当地习惯和偏好的转化,以确保信息能够被广泛接受和理解。在选择背景颜色时,需要与文字和图形相搭配,以提高辨识度。如选择浅色文字时,背景可选择深色,使文字信息更加突出且清晰。相反,如果背景颜色较亮,则应选择深色文字以提高对比度,使文字更加醒目。另外,确保背景颜色与文字和图形相协调,有助于提高导视系统整体的可视性和辨识度。通过选择适当的颜色、对比度、字体和形状等,使导视元素在环境中更为醒目突出,从而有助于用户快速发现和识别,以提高导引效果。使用鲜明的颜色和对比度高的组合可以增加可见性,而具有独特形状或图案的标识则可增强视觉效果。

3. 文化性

文化性的表达是高铁元素与导视系统融合的要点。通过将地域文化与高铁的现代气息相融合,使导视系统不仅为地产项目增添了独特魅力,还能有效引导人流,提升空间体验。这种融合使导视系统兼具实用与文化展示功能,同时,也为地产项目注入了更多的文化内涵,从而增强项目的品牌识别度和市场竞争力。深度挖掘文化内涵需要考虑非视觉表象的层面,通过图形符号让人联想到深层内涵。导视系统设计主要是通过平面视觉元素与人们进行信息的交流和传递。人、导视系统与环境三者之间的关系如图4-13所示。高铁元素与导视系统融合时,要考虑与环境的地域适配性,将导视系统、环境空间和地域文化综合起来考虑,以实现人与场所之间的交流。

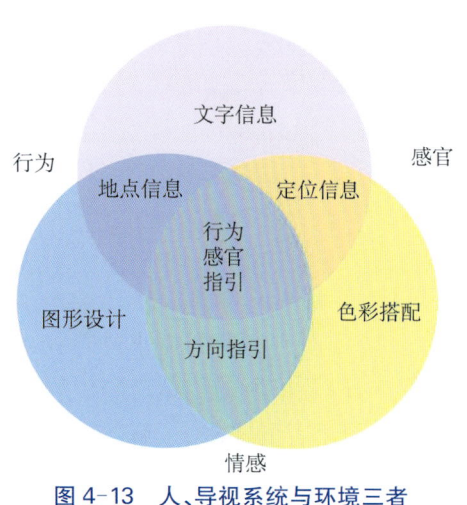

图4-13 人、导视系统与环境三者之间的关系

4. 人性化

导视系统的目的就是为了方便人们在一个陌生的区域内,不受环境、语言的影响,只通过导视系统的引导便能迅速地找到目的地或者获得想要的引导信息。一套完整的导视系统需要符合无障碍通用设计标准,可以帮助残障人士、老人、小孩等特殊人群,使他们能够不通过外界的帮助便能辨识导视系统的信息。就地产项目而言,完善、完整、清晰、准确的

导视系统不仅可以提升人们购买该项目住宅的意愿,还是提升项目竞争力的重要手段。高铁元素与导视系统融合过程中对于人性化的追求往往要求住宅区导视系统与空间环境的变化、不同群体的需求相适应,使融合价值和功能性得到最大的体现。

在人性化设计中,安全性是必须考虑的重要因素。导视系统应与安全相关的规定和标准的要求相符,并提供用户所需的安全信息。例如,在紧急情况下,导视系统应为用户提供逃生路线指示,以便人们能够迅速离开危险区域。此外,高铁元素与导视系统融合应考虑人机工程学,确保导视元素的位置和布局不会造成用户的危险和困扰;同时,需要考虑到不同用户群体的需求,尤其是有特殊需求等,以确保导视系统的安全性和可用性。

5. 智能化

高铁元素与导视系统融合的智能化原则要求系统化、数字化、多样化的传达形式,基于不同人的需求进行更具有针对性的信息传递,以提供全面、高效、安全的导航和信息服务。以用户需求为依据,结合先进的技术,以适应未来的发展趋势,创造更智能、便捷、可靠的导视体验。

4.3.2 融合过程

高铁元素与导视系统的融合过程包含以下几个关键步骤,如图 4-14 所示。

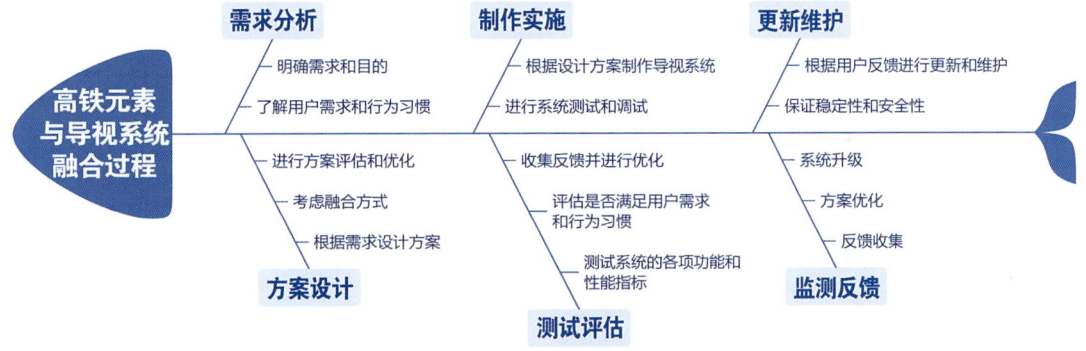

图 4-14 高铁元素与导视系统的融合过程

1. 需求分析

在高铁元素与导视系统融合的初始阶段,需要对使用者以及使用场所的需求进行彻底的了解,包括受众的年龄、职业、文化程度、语言等方面的特点,以及场所的构造、流动情况、特殊要求等方面的信息。需求分析阶段的主要工作是在理解使用者的需求、了解场所的情况下设计出合理的方案。在这个阶段,需要考虑细节,比如体现出所属城市及当地文化等元素,而且对不同的人群个性化对待也是非常必要的。

2. 方案设计

在需求分析的基础上,逐层推演,完成合理的导视系统方案。方案应包括布局图、元素图和使用指南三部分,且注重使用体验、内容检索和时效性等方面的考虑。在方案推演阶段,需要注意醒目性、易识别性和易读性。设计师应细致分析图像与文字的搭配,以保证文字信息和图像信息互补,且采用易懂、易记的符号语言以及图形和色彩的组合,增强人们对于信息的解读。

3. 制作实施

在初步完成高铁元素与导视系统融合的完整方案后,需要相关制作部门或团队按照预设方案进行制作和实施,包括制作导视系统的各构成元素,如图表、地图、标识等。实施过程要严格按照方案,注意细节把控,同时,整体的视觉风格要统一。制作与实施的过程包括试制、制作、调试、安装等环节,对此需要细致且系统的规划。

4. 测试评估

在方案制作和实施完成后,需要进行系统的测试与评估,以确保其符合设计要求并能有效地满足使用需求。测试包括几方面内容:可用性、易用性、信息准确性等。评估则需要收集用户的反馈意见,了解用户满意度和建议。在测试和评估过程中,可能需要对导视系统的一些细节进行调整和改进,以进一步提高其使用效果和用户体验。这个阶段的反馈对于系统的优化和未来改进是非常重要的。

5. 更新维护

更新与维护是高铁元素与导视系统融合过程中一个可持续环节。随着时间的推移,导视系统的使用场所可能会发生变化,用户需求也可能有所调整。因此,需要定期审查导视系统的性能,并进行必要的更新和维护工作,以保持系统的有效性和适应性。这一环节涉及内容更新、图标替换、系统扩展等。同时,也需要及时修复出现的故障或损坏,以确保导视系统能够稳定运行。

6. 监测反馈

一旦导视系统投入使用,就需要建立监测机制,以定期收集系统使用数据和用户反馈。通过监测可以了解系统的运行状况、用户行为和需求变化等信息,从而为系统的进一步优化提供参考依据。另外,用户反馈也是非常重要的信息源。可以通过用户调查、意见反馈箱等方式收集用户的意见和建议,以便对导视系统及时进行调整和改进。只有不断地优化系统,才能使其更符合用户的期望。

高铁元素与导视系统融合是一个循环迭代的过程。只有通过不断地监测、反馈和更新,才能确保导视系统始终能够满足用户的实际需求,进而提升用户体验。

4.4 高铁元素融合上铁地产企业导视系统实践

4.4.1 融合背景

2017年,上海铁路房地产开发经营有限公司(简称"上铁房地产公司")[①]项目中的导视系统的应用只做了最基础的标准化处理,如图4-15所示,尚未形成系统性的导视设计风格。

2019年,上铁房地产公司开始重视项目中导视系统的应用,并立项研发了Art-Deco装饰

---

① 上海铁路房地产开发经营有限公司(简称"上铁房地产公司")于2023年10月7日更名为上海铁路地产置业集团有限公司。

艺术风格和新亚洲风格这两套导视系统。但在导视系统中融入高铁文化元素在当时还处于探索阶段。

图 4-15　2017 年上铁房地产公司标准化导视系统

1. Art-Deco 装饰艺术风格

Art-Deco 装饰艺术风格的导视系统主要应用于上铁房地产公司在上海区域 2019 年的项目。其方案注重细部刻画，突出新颖、华丽、尊贵之感，看上去既具有时代气息，又有建筑文化内涵。Art-Deco 装饰艺术风格结合了因工业文化而兴起的机械美学，多采用机械式、几何、纯粹装饰的线条，例如扇形辐射状的太阳光、对称简洁的几何构图等，从而呈现出注重传统装饰与现代造型的双重性，如图 4-16 所示。这套导视系统的造型元素与项目建筑立面细节相统一，均强调竖向的挺拔感，以拔地而起、傲然屹立的非凡气势表达出不断超

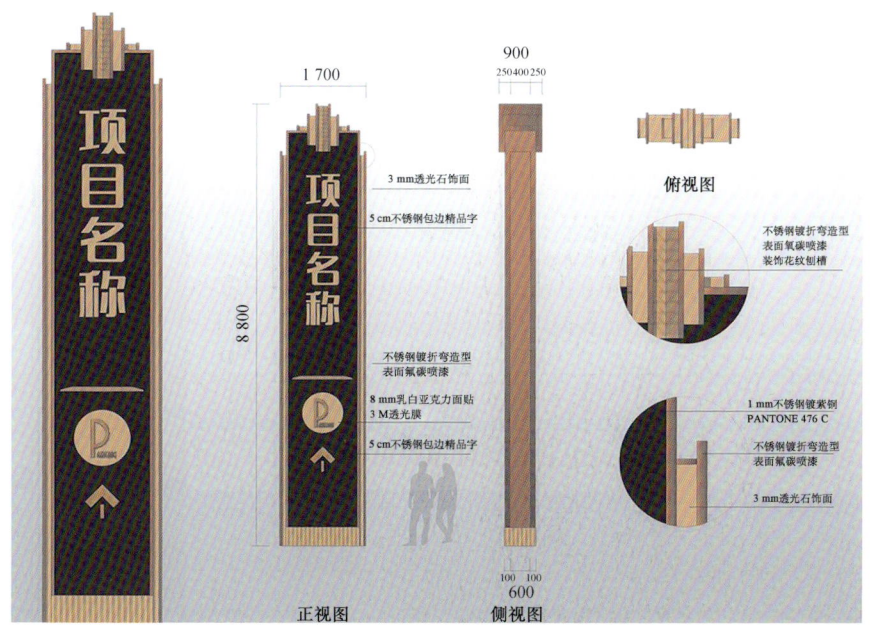

图 4-16　Art-Deco 装饰艺术风格

越的铁路精神和力量,同时,也诠释了上铁地产置业公司在发展中不断克服困难勇攀新高峰的精神。

2. 新亚洲风格

新亚洲风格的导视系统主要应用于上铁房地产公司除上海以外其他区域 2019 年的项目。方案以具有浓厚地域特色的传统文化作为根基,融入西方文化元素,用东方审美的方式重新进行诠释和表达,通过强调传统意境的对称运用,营造出一种平衡、和谐的美感,体现东方文化的独特韵味。导视系统的细节处理融入项目建筑立面装饰元素,形成与建筑相符的风格,在视觉上给人以雍容、稳重、大方的感觉,如图 4-17 所示。

图 4-17　新亚洲风格

2020 年,上铁房地产公司对 2019 年的两套设计方案进行了优化,高铁文化元素的提炼与设计在新方案中有所体现,并形成了新古典风格和重塑的新亚洲风格,如图 4-18、图 4-19 所示。但如何在导视系统中融入高铁文化元素,尚缺乏整体性、系统性。

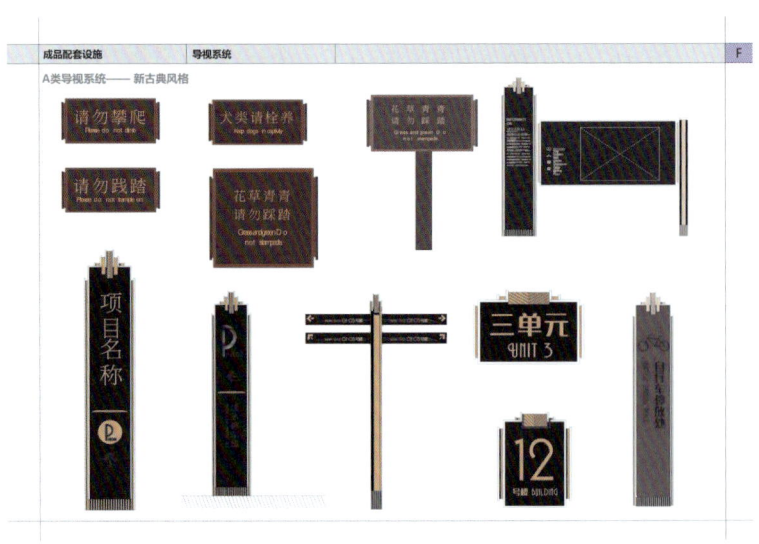

图 4-18　新古典风格

图 4-19　重塑的新亚洲风格

从上铁房地产公司的地产项目导视系统的发展进程来看，2017 年尚未形成统一的风格，系统性应用还处于探索阶段；2019 年开发的两套导视系统有了鲜明的风格，呈现出新颖的创意和文化内涵；2020 年的优化方案在细节上有了提升，但仍未显著提炼和融合高铁文化元素，缺乏融合企业形象和企业文化的深入设计。总体而言，上铁房地产公司早期开发的导视系统在高铁文化元素的提炼和融入方面存在不足，亟须深入设计和改进。

4.4.2　融合实践

高铁文化是上铁地产置业公司企业文化的土壤和根基，也是多年来企业致力于凝练的产品内涵标签。建设项目中，导视系统作为示出性较强的部分，有利于体现高铁文化元素。从现状来看，高铁文化元素与上铁地产产品线导视系统的融合发展仍存在统一性、系统性、规范性方面的显著问题，亟须提升和完善。2023 年，企业以"文化凝练、内涵驱动"为设计理念，致力于示范性地产产品导视系统的设计研发，并形成了两种不同的风格方案，分别是轻奢简约风格和新中式风格。

1. 轻奢简约风格

1）概念发展

轻奢简约风格的核心理念在于将"复兴号"的车身特征与上铁地产产品线的品牌形象紧密结合，以此为基础创造出一套独具匠心的导视系统。轻奢简约风格导视系统不仅充满动感和现代感，还展现出一种独特的美学韵味。

"复兴号"作为中国高铁的名片，其流线型车身设计既彰显了速度与现代化技术的完美融合，也象征着中国铁路的蓬勃发展。轻奢简约风格导视系统的方案设计灵感正是源于"复兴号"的这一形象，将高铁的车身元素巧妙地融入上铁地产产品线的品牌形象中，以此传达出企业的高效率和前瞻性。

通过这种紧密结合，上铁地产置业公司不仅展现出其作为现代化、高效和创新型企业的独特形象，更凸显了其在行业中的卓越地位和对于未来发展的坚定信念。整个方案的设计语言简约而不失奢华，既诠释了速度与美感的交融，也体现了传统与创新的相得益彰。这一风格不仅满足了现代审美需求，也体现了企业对于高品质生活的不懈追求。

2）方案推导

（1）高铁元素的提炼

"复兴号"流线型车身设计犹如一枚风驰电掣般穿梭的银色箭矢，不仅凸显了速度与科技的完美融合，更是中国铁路高速发展的生动写照。轻奢简约风格方案巧妙地融入了"复兴号"的形象元素，通过形态抽象的手法，传达出速度、效率与前瞻性的核心理念。其设计元素的来源如图4-20所示。

图4-20　设计元素的来源

导视面板的设计巧妙地融合了"复兴号"高铁流线型车身的精髓，通过精湛的工艺和流畅的线条，生动地再现了高铁的动感和速度之美（图4-21）。这些高铁元素通过创意和转化设计巧妙地融入导视系统，使企业的视觉形象更加鲜明、独特，不仅令人印象深刻，也呈现出现代科技与艺术的完美融合。

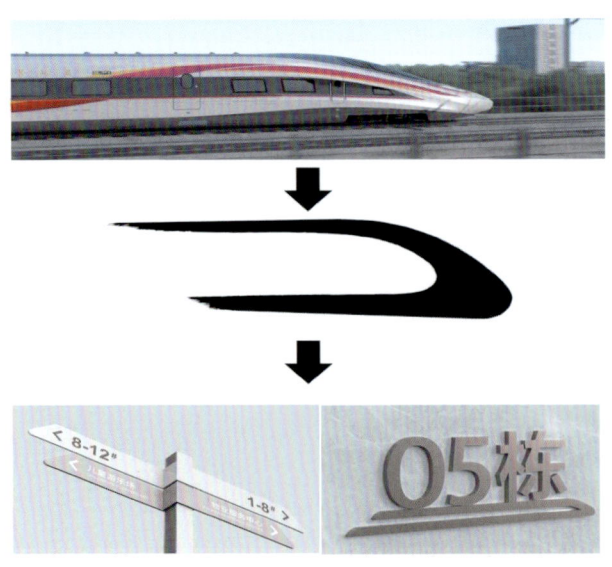

图4-21　元素提取一

另外，导视面板叠线造型的灵感来自道岔的布局样式，从道岔中抽象出的曲直相间的线条，不仅增强了导视面板的细节和层次感，还凸显出充满活力与动感的视觉效果，有效地体现了高铁的专业性和功能性，如图4-22所示。该方案既提升了导视系统的信息承载能力，又艺术性地呈现出高铁文化的内涵，为用户提供了既直观又具有吸引力的导览体验。

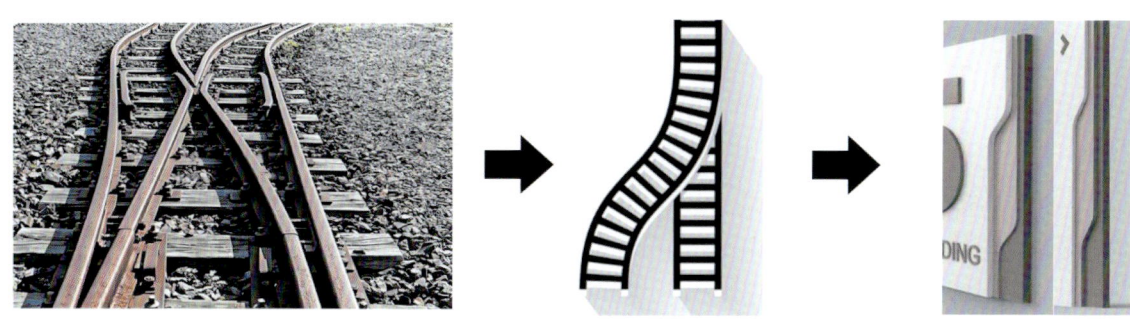

图4-22　元素提取二

（2）材质与工艺

导视系统采用拉丝不锈钢烤漆作为主要材质，不仅确保了耐用性和稳定性，更赋予其独特的美观性。这种材质质地坚韧、光滑如镜，使得整个导视系统呈现出高贵典雅的气质。导视系统侧边融入灯带装饰，巧妙地模拟了高铁流线型的发光效果，也使得导视面板更为精致，从而营造出一种现代、前卫的视觉感受。

（3）颜色搭配

导视系统采用米白、浅咖、咖啡等中性、柔和的色彩搭配，营造出温馨、舒适的氛围。通过色彩的巧妙搭配，不仅丰富了视觉效果，还增强了导视系统在不同环境中的适应性，突出导视系统的重点信息，也提高了可读性。这样的色彩设计既能保持整体设计的简约感，又能体现出轻奢风格的精致和优雅。

综合考量，轻奢简约风格方案以"复兴号"为灵感，巧妙地与上铁地产产品线的品牌形象相结合，塑造出兼具现代科技韵味与企业独特气质的导视系统。此方案不仅优化了空间视觉体验，更深化了品牌识别度，实现了功能与美感的和谐统一。"复兴号"与轻奢简约风格的完美结合，不仅是一次视觉的盛宴，更是对中国高速铁路发展与现代企业形象的较好诠释。指引导视牌、楼栋导视牌、楼栋标识、地库标识、楼层标识和入户门牌标识的方案深化图如图4-23—图4-29所示。

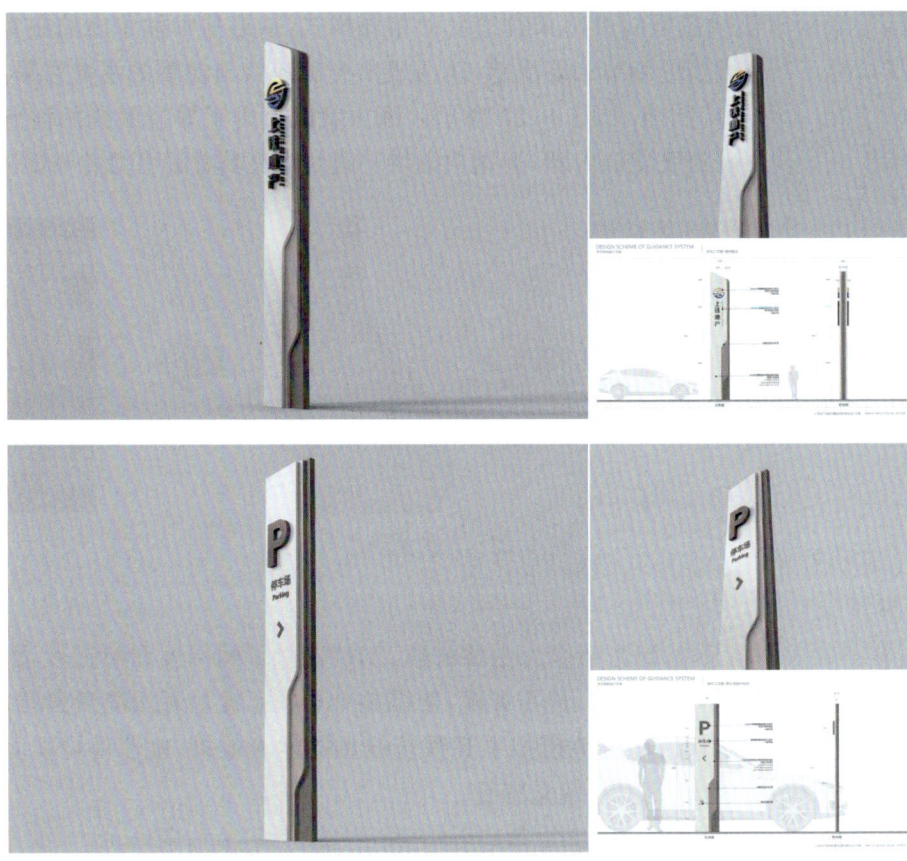

图 4-23　指引导视牌方案深化图一

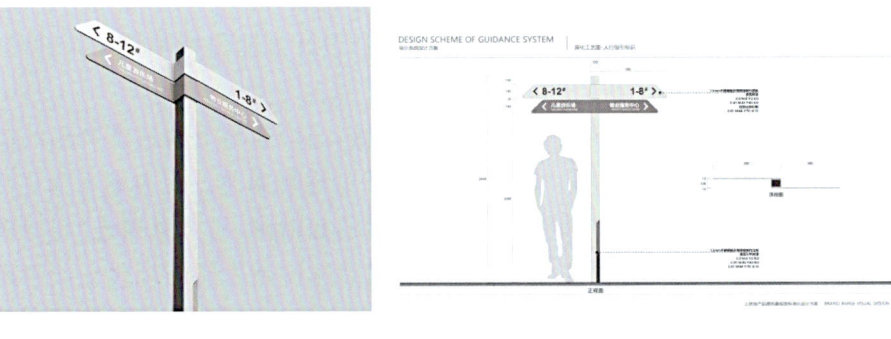
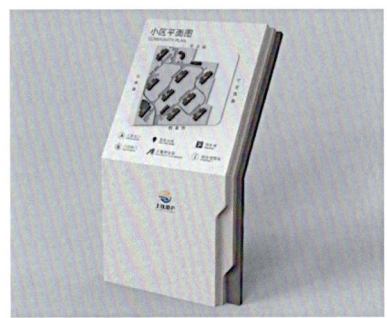
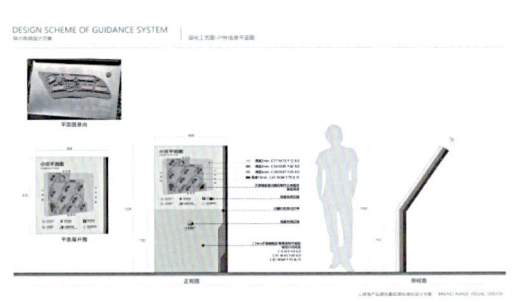

图 4-24　指引导视牌方案深化图二

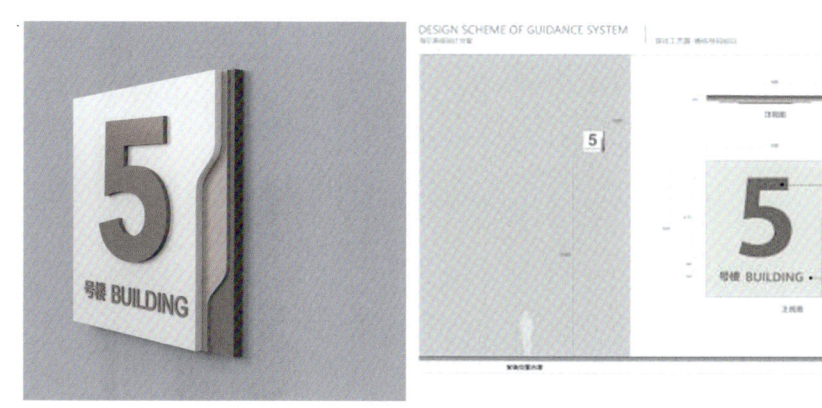

图 4-25　楼栋导视牌方案深化图

图 4-26　楼栋标识方案深化图

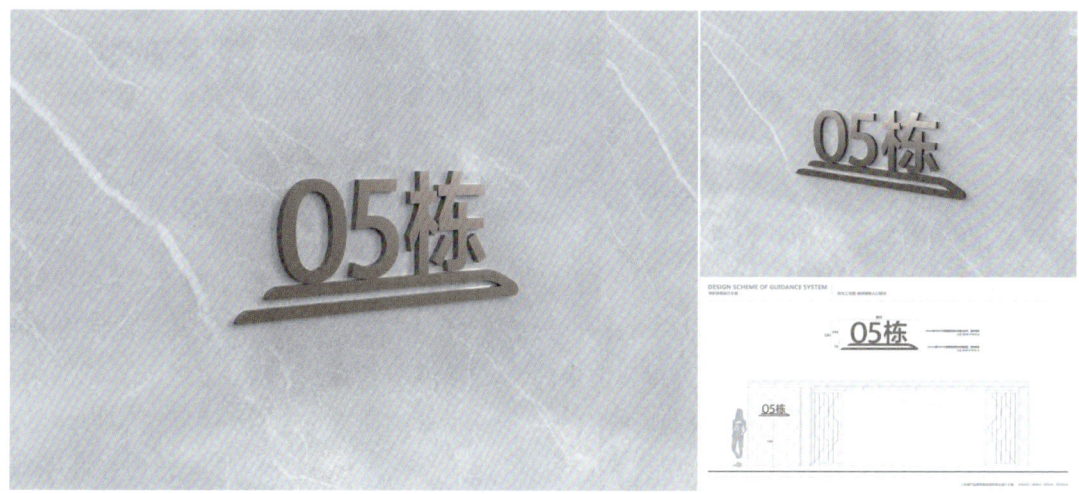

图 4-27　地库标识方案深化图

图 4-28　楼层标识方案深化图

图 4-29　入户门牌标识方案深化图

2. 新中式风格

1）概念发展

新中式风格的灵感源于传统中式窗格，通过现代设计手法的简化和重构，创造出既有传统韵味又符合现代审美的导视系统。此设计方案融合了传统文化的精髓和现代设计的创新。

2）方案推导

（1）高铁专属性与中式窗格元素提炼

方案造型以高铁铁轨岔道交叉形式为灵感，抽象提炼出精准且流畅的线条，直观地呈现了高铁轨道的独特形式特征。方案另一个灵感来自中式直棂门窗，其形式与内涵深植于传统中式造物文化。通过对传统直棂门窗格的精心提炼与转化，完美捕捉到中式风格元素的独特韵味与精髓。方案巧妙地将轨道与中式直棂门窗等元素相融合，运用虚实相间的精巧布局，以强烈的线条美感和空间层次感，强化了导视系统与高铁文化之间的内在联系，创造出既现代简洁，又蕴含传统内涵的导视牌，如图 4-30 所示。

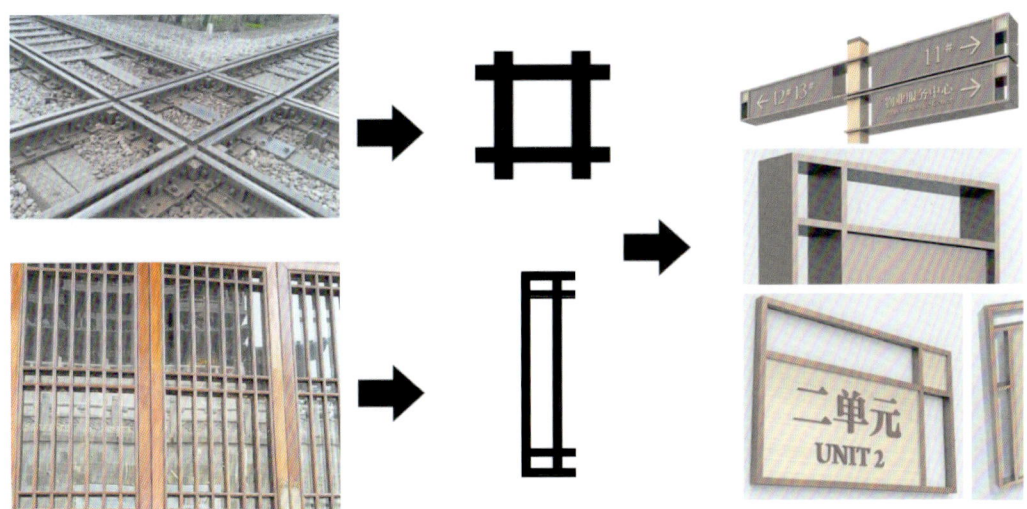

图 4-30　导视牌设计元素提炼

（2）材质与工艺

此方案选用拉丝铜材质面板。铜作为一种传统的金属材料，在新中式风格中扮演着重要角色。拉丝铜材质面板既保留了铜的传统韵味，又通过现代工艺的处理手法，使其呈现出时尚、前卫的特质。同时，配以图文柔和的背发光效果，使导视外观更显精美、大气。这种光效的应用不仅增强了导视的视觉吸引力，也提升了信息的可读性。

（3）借景手法的应用

采用园林艺术中的借景表现手法，通过虚实变化，使导视系统不仅是信息的展示，更成为环境的一部分。这种设计手法使导视系统与周围环境产生共鸣，提升了空间的整体美感。

综合来看，新中式风格方案展现出了卓越的创新性与时代感。方案深植于传统文化之沃土，精准提炼经典元素，并巧妙地将之与现代设计理念相融合。这一创新举措不仅成功地创造出了一个兼具深厚文化内涵与现代审美风尚的导视系统，更为项目赋予了独特的品质与特色。该方案导视系统在视觉呈现上既彰显了传统文化的韵味与底蕴，又迎合了现代审美趋势，实现了古典与现代的完美交融。通过此方案，项目的品质与特色得以有效凸显，进一步提升了其在相关领域中的影响力与竞争力。停车场指示牌、行人指示与楼栋牌以及楼栋单元、楼层与入户门牌的方案深化图如图 4-31—图 4-33 所示。

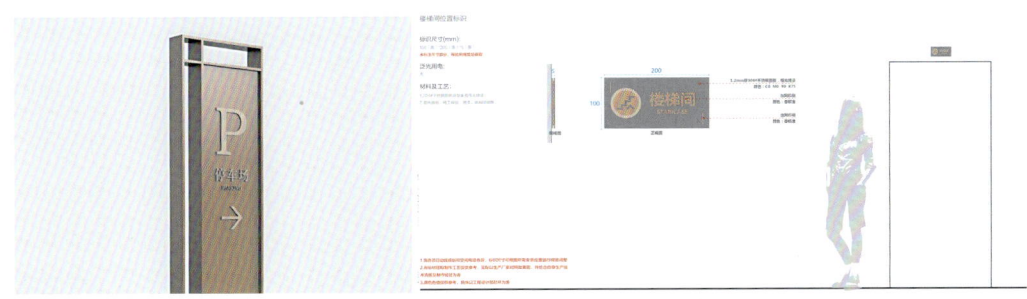

图 4-31　停车场指示牌方案深化图

图 4-32 行人指示与楼栋牌方案深化图

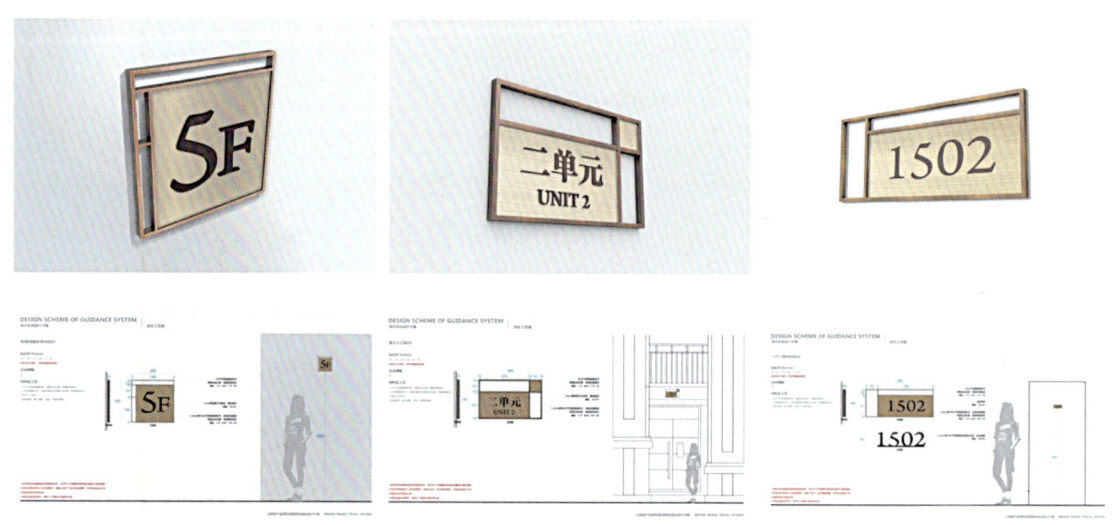

图 4-33 楼栋单元、楼层与入户门牌方案深化图

4.4.3 最终成果融合呈现

在上铁地产南京"淮风晓月""月和园"及连云港"叶海华庭"等项目中,导视系统融合成果得以完美落地应用,不仅展现出卓越的设计品质,更蕴含深厚的文化内涵,显著提高了项

目的整体品质与竞争力。同时,作为传递企业文化的重要载体,这一系列风格的导视系统充分彰显了企业形象与品牌理念。

1. 轻奢简约风格的应用呈现——以上铁地产南京"淮风晓月"项目为例

轻奢简约风格的导视系统被精心布置在南京"淮风晓月"项目中的关键节点,如入口、交叉路口、重要设施附近等,以其简洁明了的线条和优雅的色彩搭配,与项目的景观和建筑设计相协调,共同营造了一个和谐、统一的居住环境,如图4-34、图4-35所示。这种设计风格强调的是一种低调的奢华感,没有过多的繁复装饰,却处处透露出精致与品位。在材质选择上,也体现出对品质和细节的追求,使得整个导视系统不仅美观大方,更兼具实用性和耐久性。

同时,轻奢简约风格导视系统还充分考虑了人性化因素,无论是字体大小,还是指示牌的布局和安装高度,都经过了精心规划,以确保信息的易读性和可达性。这不仅方便了住户和访客的日常出行,也提升了整个住宅区的品质。这一实践案例再次证明了轻奢简约风格在导视系统设计中的独特魅力和实用价值。

图 4-34 导视系统实景图一（上铁地产南京"淮风晓月"项目）

图 4-35 导视系统实景图二（上铁地产南京"淮风晓月"项目）

2. 新中式风格的应用呈现——以上铁地产连云港"叶海华庭"等项目为例

新中式风格的导视系统在连云港"叶海华庭"、南京"月和园"和杭州"江湘云庐"等项目的完美落地应用（图 4-36—图 4-43），不仅彰显了项目的文化底蕴，更为住户和访客提供了一个兼具美感和实用性的导航体验。

图4-36 导视系统实景图一(上铁地产连云港"叶海华庭"项目)

图4-37 导视系统实景图二(上铁地产连云港"叶海华庭"项目)

图 4-38 导视系统实景图三(上铁地产连云港"叶海华庭"项目)

图 4-39 导视系统实景图四(上铁地产南京"月和园"项目)

图 4-40 导视系统实景图五(上铁地产南京"月和园"项目)

图 4-41　导视系统实景图六（上铁地产杭州"江湘云庐"项目）

图 4-42　导视系统实景图七（上铁地产杭州"江湘云庐"项目）

图 4-43　导视系统实景图八（上铁地产杭州"江湘云庐"项目）

导视系统在设计上巧妙地融合了中式元素与现代设计理念，通过运用典雅的线条、古朴的色彩以及精致的材质，打造了一种独具韵味的新中式风格。这种风格既保留了中式古典的韵味，又注入了现代设计的简约与时尚，与小区的景观和建筑设计相互呼应，共同营造了一个和谐统一的居住环境，与项目的整体定位相得益彰。

在导视系统的布局上，充分考虑了项目的空间结构和人流走向，合理设置了指示牌的位置和数量，确保了信息的准确性和易达性。同时，导视系统的字体选择和排版也经过了精心设计，既体现了中式书法的韵味，又保证了信息的清晰度和易读性。

总的来说，新中式风格的导视系统的成功应用，充分展示了新中式设计在现代住宅项目中的独特魅力和实用价值。这一实践案例为其他类似项目提供了有益的参考和借鉴，推动了新中式风格在导视系统设计中的更广泛应用。

3. 最终成果融合呈现

经过缜密规划与精细设计，导视系统中的各元素得以和谐统一，构成了一套完整且具备强烈视觉冲击力的识别体系。这一体系不仅为使用者提供了清晰、明确的导向信息，确保了空间的便捷与流畅，更在细节之中展现了导视系统的美学追求。通过精心打磨，导视系统兼具实用性与艺术性，成为提升项目品质及增强用户体验的关键要素。轻奢简约风格导视系统和新中式风格导视系统的最终成果融合呈现分别如图 4-44、图 4-45 所示。

图 4-44 "轻奢简约风格"导视系统成果融合呈现

图 4-45 "新中式风格"导视系统成果融合呈现

第 5 章

精雅妙趣　臻于细节

——景观小品与设施

5.1　景观小品与设施概述

5.1.1　景观小品与设施的定义及内涵

随着经济、文化的发展，人们越来越重视精神层面上的审美享受。景观小品与设施作为公共环境中必不可少的元素，以独特的艺术形式在我国城市化进程中发挥着重要的作用。它们作为一种交流媒介对社会发展、区域环境产生积极影响，不仅能满足人们使用需求的实用功能，还具有改善、美化生活环境和提高人们生活情趣的作用，大幅提高了城市的文化品位。

1. 景观小品的定义

"景观"一词在汉语中具有深厚的文化内涵并被广泛应用，也是一个多维度、多学科的词，其含义及可涵盖的范围包括但不限于生态学、城市规划学、文化遗产学等，主要涉及观赏、文化或科学价值的自然或人造景色、风貌或外貌。在生态学中，"景观"可用来描述一个地区的生态系统类型、植被类型和自然资源的分布情况。在城市规划中，"景观"可用来形容城市的空间布局、建筑风格和绿化情况，以及文化遗产、历史背景和人文特色，为人们深入了解当地的历史和文化提供了重要视角。

"小品"一词源于佛教典籍，其意指较为简略的佛经，而后被借鉴成为文学概念。建筑中的"小品"可追溯到中国传统的园林艺术，指规模较小但具有特定功能的建筑或设施。随着时间的推移，"小品"一词逐渐被应用于现代景观设计中，并被赋予了更加广泛的意义。在现代景观设计中，"小品"可以包括各种类型的雕塑、喷泉、座椅、照明、小型建筑等。它们不仅具有特定的功能，而且能够增强景观的美感和文化内涵。

"景观"与"小品"的结合是现代景观设计中常用的一种手法，通过对小品的巧妙应用，增强景观的空间感与趣味性，营造出更具魅力和灵性的景观效果。

景观小品以构筑物的形态巧妙地融入景观当中，成为公共环境中的亮点，或起到呼应、转换、缓冲的作用。它们呈现出各种形式与姿态，将艺术与生活紧密连接起来，在满足人们日常需求的同时，向人们传递着历史的记忆和文化信息，如图 5-1 所示。人们在享受生活的同时，也能够感受到艺术与文化的魅力。

图 5-1　景观小品案例

2. 景观设施的定义

"设施"一词最早出现在西汉,意为"计划实施",后来随着社会发展和语言体系演化,词义发生了变化。在《新华词典》中"设施"一词的解释是:"设备、措施;布置、安排。"《现代汉字词典》中将"设施"解释为:"安排布置;为某种需要而建立的机构、构筑物等。"通过对比分析上述定义可以发现,"设施"一词具有强烈的"人工"属性。设施可以分为工业设施、农业设施、医疗设施、教育设施等,这些设施的设计和建设都是为了满足人们在日常工作、生活、学习等方面的需求,以提高人们的生活质量和生产效率。例如,工业设施包括工厂、仓库等,这些设施的设计和建设都是为了满足工业生产的需求,以提高生产效率和产品质量。

"景观设施"一词最早出现在英国,被称为"街道家具"(Street Furniture),指公共环境与场地中构成的人活动领域内所需的物质实体,提供景观功能和实用功能于一体的设施。作为一个综合概念,它把人、环境、设施优化构成"人类—环境系统"。景观设施是设施设计中的一部分,主要是指在景观环境中设计和建设的设施,包括公共座椅、垃圾桶、照明灯具、景观雕塑等。这些景观设施的设计与建设主要是为了满足人们对于景观环境的需求和审美,以提升景观的品质和美感,如图 5-2 所示。如果说景观小品具有艺术欣赏价值的话,那么景观设施则是具有实用价值的景观小品,是指在公共环境或街道社区中为人的行为和活动提供方便条件并具有一定质量保障的各种公共服务设施系统以及相应的识别系统。

图 5-2　景观设施案例

5.1.2　景观小品与设施的意义及价值

景观小品与设施作为城市社区的"细节部分",起着烘托气氛、点缀环境等作用,是城市社区景观环境中的重要元素,不仅能展示社区的公共精神与情怀,还能呈现出社区的生活质量、居住理念和文化品位。它们的存在给社区的空间环境赋予了积极的意义与价值,如图5-3所示。

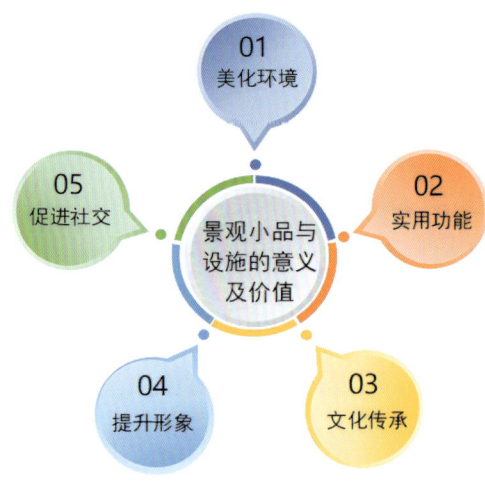

图 5-3　景观小品与设施的意义及价值

（1）美化环境。景观小品与设施作为一种具体的形态存在于景观环境中,是人类为合乎生存需要和满足审美要求而创造出来的一种艺术手法或模式。它们以独特的设计,通过自身内容、造型、材质、色彩的不同而产生各异的美学效果,营造出与众不同、意义非凡且富有层次的景观环境,不仅给予观者以视觉艺术的美感享受,还对所处的空间环境起到了美化作用,同时也丰富了人们的审美需求。

（2）实用功能。许多景观小品与设施不仅具有观赏价值,还具有很强的实用功能。例如,路灯、景观灯等不仅能增添环境的美感,同时也为所处环境提供夜间照明,确保人们在夜间的安全通行;花坛、水景等设施则可以提高环境质量,提供宜人的休闲空间。这些小品与设施都充分考虑了人们的需求,使人们在享受美景的同时,也能感受到舒适和便利。

（3）文化传承。景观小品与设施常常会融入当地的文化元素和历史内涵,成为传承及展示文化的重要载体,也构建出具有地域文化特色的城市社区。同时,通过艺术化的处理和表现,景观小品与设施可传达出特定的文化价值观和历史信息,增强人们对当地文化的认同感和归属感。

（4）提升形象。精美的景观小品与设施能够提升社区的整体形象和品质,彰显城市的特色和魅力;可通过其独特的形态和布局,与城市建筑相互呼应,形成和谐的景观效果,成为社区空间环境的亮点,吸引人们的目光,增强城市的吸引力和竞争力。

（5）促进社交。景观设施（如座椅、凉亭等）为人们提供了交流和互动的场所。人们可以在这些设施中聚集、交流、分享信息,这有利于促进社交互动和社区凝聚力的形成。

5.1.3　景观小品与设施的历史与发展

景观小品与设施的历史可追溯到古代园林的起始时期。在中国,最早的园林为商周时期的囿,那是饲养动物的园地,后来逐渐发展出观赏功能。秦汉时期,出现了以宫苑为主的园林形式,其中已经开始有了一些简单的园林设施和小品,如石凳、灯柱等。在西方,古希腊和罗马时期的雕塑、喷泉、水池等配景小品与设施,以其雄伟壮观、庄重典雅的风格,成为西方古典艺术的典范。

随着时间的推移,园林艺术不断发展,园林设施与小品也逐渐丰富多样。唐宋时期,私家园林和皇家园林盛行,这些园林中的设施与小品不仅具有实用功能,更注重装饰和意境的营造。中世纪,欧洲的园林和城堡中的景观设施与小品体现了传统的审美观念和宗教信仰。文艺复兴时期,人文主义思想的兴起推动了景观设施与小品的发展,出现了许多具有人文主义精神的优秀作品。

中国明清时期,园林艺术达到了巅峰,园林设施与小品也发展到了一个新的高度。这个时期的园林小品造型别致且体型小巧,同时与园林环境相协调,形成独具特色的园林景观。

在现代,随着城市化进程的加快,景观设施与小品在城市建设中发挥着越来越重要的作用,体现出城市的文化特色和品位;同时,在继承传统的基础上,不断吸收国际先进的设计理念和技术手段。在设计和建设方面,注重环保、可持续性和创新性,呈现出多元化的发展趋势,为人们提供更加舒适、便捷的生活环境,以满足人民日益增长的美好生活需要。

总之,景观设施与小品的发展是一个不断创新和演变的过程。它们随着时代的变化以及人们审美观念的改变而不断发展,成为城市景观建设中不可或缺的重要组成部分。

5.2 景观小品与设施的构成要素及分类

5.2.1 景观小品与设施的构成要素

景观小品与设施的构成要素是指其外在的形式,即自身的艺术语言与结构,是实质性的物质元素,总体概括为造型、色彩、材料、空间等。

1. 造型

人与景观小品和设施在一定的环境中需要相互沟通,需要相应的传播媒介来传递信息,这种传播媒介便是景观小品自身的造型语言。

景观小品与设施作为具体的、能感受的实体,其造型语言是通过点、线、面、体等基本要素来表达的(图5-4)。这些要素通过不同的组合和排列方式,可以创造出丰富多样的造型形式,产生不同的视觉效果和心理感受,赋予景观小品与设施独特的个性和魅力。

点　　　　　　　线　　　　　　　面　　　　　　　体

图5-4 景观小品与设施造型的构成

2. 色彩

在人们的直观感受中,色彩是最富有情感表现的因素,也是景观环境中最为活跃的语言。在地产项目的建设中,若景观小品与设施的色彩处理得当,会使整体空间具有更强的艺术表现力,细微之处则可展现出项目独有的魅力。

3. 材料

"材料"是景观物质性的体现,对景观设计而言有着举足轻重的作用。景观小品与设施的材料运用随着人类文明的进步、科学技术的提高,其选择范围也越来越广,形式也越来越多样化,从古代的铁器、陶瓷、木材到现代的合金、塑料、高分子复合材料,从天然材料到人造材料,极大地丰富了景观小品与设施的设计语言和形式。景观小品新材料的特性及缺点如表 5-1 所列。

表 5-1 景观小品新材料的特性及缺点

材料名称	特性	缺点
不锈钢	易于加工和成型,具有沉重、坚硬、高强度、耐腐蚀的特点,可以制作出各种形状和结构的景观小品	价格较高、导热性差、重量较大,不适合长时间接触酸性物质
木塑复合材料	高密度、耐磨损、抗压弯强度高,具有环保、节能、可塑性强等特点	容易受温度和湿度变化的影响,产生形变或膨胀
玻璃钢	一种由树脂、玻璃、塑料等合成纤维制成的材料,具有质轻、坚硬、不导电、耐腐蚀等特点,并且可以通过表面处理模拟各种材料的表面特征,易于实现复杂形状和结构的小品或设施	弹性模量低、长期耐温性较差、易老化、耐化学腐蚀性有限、成本相对较高
高分子复合材料	包括塑料、橡胶、纤维等,具有质轻、耐腐蚀、易加工等优点,可以制成各种形状和颜色,为景观小品与设施的设计提供丰富的选择	易燃、易氧化、水解,性能受环境影响,耐老化性能差
碳化木	也称为热处理木,是一种经过高温处理使其表面碳化的木材,具有防腐、防虫、耐久性好等特点,并且颜色深邃,具有很好的视觉效果。因此,碳化木常用作景观建筑中的栏杆、花架、椅子等	质感较硬,易脆裂,加工难度大,成本较高

4. 空间

空间是物质存在的一种客观形式,是由长度、宽度、高度表现出来的。空间的概念是关联事物存在的相对概念,离开了事物的对象、距离、疏密、比例,就很难确定空间的量度。景观小品与设施同周围环境共同塑造出一个完整的视觉形象,同时为空间带来活力和主题。景观小品与设施以其小巧的格局、精美的造型点缀空间,使整体空间更加生动有趣。例如,亭子、花架可以营造静谧、幽雅的空间,方便人们在其下休息、交流;喷泉、水池则可以创建欢乐、嬉戏的空间,为人们提供娱乐场所。

5.2.2 景观小品与设施的分类

景观小品与设施是景观中精美的艺术品,是体现景观的装饰性和生动性的重要构成要素。它们一方面要满足功能要求，另一方面要结合形式美法则，以适应景观环境的整体要求。在景观设计中，各种类型的小品与设施相互补充，其种类较多、内容丰富，是一个非常庞大的系统工程，共同构建了一个富有活力、功能完善、美感十足的环境。按功能与作用，景观小品与设施可分为两大类，如图5-5所示。

图5-5　景观小品与设施分类

1. 装饰性景观小品

装饰性景观小品主要包括：景观雕塑（装置）、水景、景墙、绿景、花坛、铺装等。此类小品的主要功能是体现观赏性，重点突出其一定的审美特性。设计时，需注重它们的形式与主题内容，从视觉感官上来激发受众的审美情趣，以实现景观的精神功能。装饰性景观小品在丰富环境空间景观层次、渲染并提升景观环境的艺术品位等方面起到十分重要的作用。同时，装饰性景观小品的设置应与环境协调一致，从而体现出人与自然、人与文化的和谐统一关系。

2. 功能性景观设施

功能性景观设施主要包括：标识牌、灯具、围墙、护栏、座椅、凉亭、花架、垃圾箱、宣传栏等。这些设施的主要功能是为大众提供服务，为了满足人们在公共空间中的基本需求，营造提供舒适和便利的环境。它不仅关乎着整体环境的美观度，更影响着人们的生活品质和体验。

5.3　高铁元素融合景观小品与设施过程

5.3.1　融合原则

景观小品与设施是功能、技术与艺术相结合的产物，要符合适用、坚固、经济、美观的要求，并与整体环境协调一致。在将高铁文化元素融入景观小品与设施的过程中，应遵循相应的原则（图5-6）。

（1）文化性。融合高铁文化元素的首要目的是传承和弘扬高铁文化。这就要求设计者在设计过程中深入研究和理解高铁文化的核心元素及特征，包括高铁的速度、现代感、科技感、流动性和连接性等，提取其核心符号，并通过抽象、转化等方式

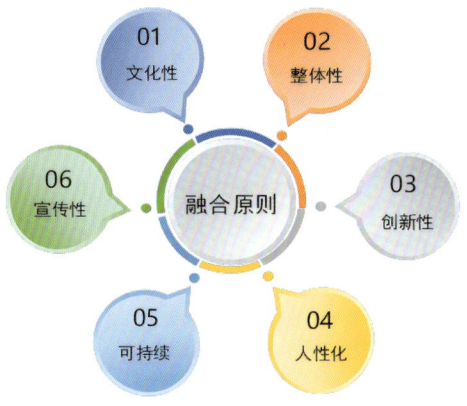

图5-6　高铁文化元素融合景观小品与设施的原则

将其融入景观小品与设施中,以体现高铁文化的魅力。

(2)整体性。高铁文化元素的融合应与整体设计风格和周围环境相协调,形成一个统一的整体。高铁文化元素具有多样性,包括多元视角和类型。这就要求景观小品与设施在融合高铁文化元素时,须注重多样性与统一性的平衡,充分考虑其与整体环境的和谐性,避免过于突兀或杂乱。

(3)创新性。在融合高铁文化元素时,应注重创新性,将现代设计理念和技术手段与高铁文化元素相结合,创造出新颖、独特的景观小品和设施。同时,也要考虑地域性特色,借鉴和运用传统文化元素与高铁文化相结合,通过新的设计手法和表现方式,赋予景观小品和设施更多的文化内涵及艺术价值,以提升整体品质。

(4)人性化。在设计过程中,应充分考虑人的需求和感受,以人性化的设计理念为指导。例如,可以设置无障碍设施、提供舒适的休息空间等,以满足不同人群的需求。同时,高铁文化元素同景观小品与设施的融合也应考虑人的视觉及心理感受,从而营造舒适、宜人的环境氛围。

(5)可持续。在设计过程中,应充分考虑环境保护和可持续发展。通过选择环保材料、节能技术等手段来减少对环境的影响。同时,高铁文化元素的融合也应符合可持续发展的理念,为未来的文化传承和发展留下空间。

(6)宣传性。高铁作为一种先进的交通工具,代表了国家的发展水平和科技实力。将高铁文化元素融入景观小品与设施中,可以起到教育宣传的作用,让更多的人了解高铁、认识高铁,进而提升公众对高铁文化的认知度和认同感。

5.3.2 融合过程

景观小品与设施设计中融入高铁文化元素的过程涉及对高铁文化的理解、创意构思、设计实施和后期评估等多个阶段,如图5-7所示。

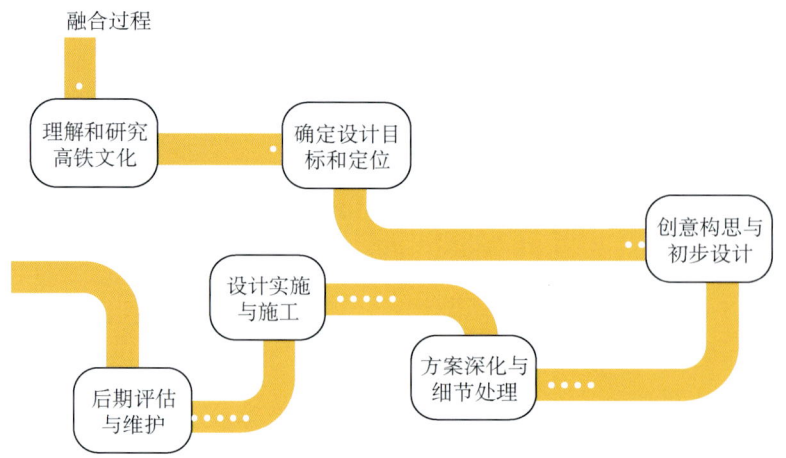

图5-7 景观小品与设施设计中融入高铁文化元素的过程

1. 理解和研究高铁文化

(1) 高铁文化的定义:明确高铁文化的内涵,包括速度、效率、科技创新、现代化等方面。

(2) 调研与资料收集:搜集关于高铁的历史、技术、社会影响等资料,特别是关于当地高铁的发展情况。

2. 确定设计目标和定位

(1) 明确目标:确定景观小品与设施的设计目标,如提升城市形象、传播高铁文化、提供休闲娱乐空间等。

(2) 文化定位:根据高铁文化的特点和目标受众的需求,确定设计的文化定位。

3. 创意构思与初步设计

(1) 形态与元素:从高铁的外观、内饰、标志等方面提取元素,进行抽象和再设计,并将其融入景观小品和设施中。

(2) 故事与主题:构思与高铁相关的故事或主题,如高铁的发展历程、对城市的影响等,将其作为设计的灵感来源,使设计更加丰富和有趣。

(3) 初步设计:绘制草图或初步效果图,展示设计的整体概念和主要元素。

4. 方案深化与细节处理

(1) 材料选择:根据设计需要,选择适合的材料,如金属、玻璃、石材等,以体现高铁的现代感。

(2) 色彩搭配:运用高铁特有的色彩搭配,如银色、灰色等,营造高铁特有的氛围。

(3) 细节处理:对设计细节进行完善,如灯具的纹理、座椅的舒适度等。

5. 设计实施与施工

(1) 施工图绘制:绘制详细的施工图,为施工提供准确的指导。

(2) 材料采购与施工:按照施工图进行材料采购和施工,过程中保持与设计团队的密切沟通,确保施工质量符合设计要求。

(3) 现场调整:在施工过程中,根据现场情况对设计进行必要的调整。

6. 后期评估与维护

(1) 评估与反馈:收集公众对景观小品和设施的使用反馈,了解设计的优缺点。对设施进行必要的调整和优化,以不断提升其使用体验和文化价值。

(2) 维护管理:制订维护计划,确保设施的正常运行和长期使用。

(3) 文化传播:通过景观小品和设施来持续传播高铁文化,提升公众对高铁文化的认知。

通过以上步骤,可以在景观小品与设施的设计中巧妙地融入高铁文化元素,从而不仅提升设施的美观度和文化内涵,还能增强公众对高铁文化的认同感和归属感,为公众带来独特的视觉和文化体验。同时,确保设计过程科学合理、符合公众需求,使设施在发挥基本功能的同时,也能成为展示高铁文化的重要载体。

5.4 高铁元素融合上铁地产景观小品与设施实践

5.4.1 融合背景

随着中国高铁的飞速发展,高铁文化逐渐嵌入中华民族文化的基因图谱中,为沿线城市的繁荣和文化融合带来了革命性变化。上铁地产置业公司深刻洞察了这一文化趋势,在项目开发过程中积极融入高铁文化的精髓。通过现代设计手法、速度感的视觉呈现、技术创新的运用,并结合城市综合运营的特质,企业成功塑造了"高铁品质、焕新城市"的品牌核心价值,不仅提升了公众对其文化与业务的认知度,更稳固了其作为高端、现代化城市综合运营服务商的市场主导地位。

2017年,上铁房地产公司推出了第一本《建设工程标准化图集》,如图5-8所示,在项目建设中开始推行景观系统标准化,重点对规格及做法实施通用标准,但项目所涉及的景观小品与设施没有经过系统、整体的规划与设计,风格样式过于杂乱,缺乏整体性的构建思路,如图5-9所示。

图 5-8 上铁房地产公司 2017 年推出的第一本《建设工程标准化图集》

2019年,上铁房地产公司推出了《标准化产品手册》,如图5-10所示。其中展示的景观小

图 5-9　上铁房地产公司 2017 年推出的《建设工程标准化图集》中的通用景观小品与设施

品与设施采用了现代典雅风格，强调形式服从功能，主张追求超越尘俗之外的方外之致和自然之风，以呈现和谐、舒适、温馨的景观氛围，但是对于文化元素的融入思考及整体性还略显不足。

2020 年，上铁房地产公司项目中的景观小品与设施开始注重与小区整体的建筑风格保持一致，使主题风格更加鲜明，整体性更强。由于上铁地产置业公司主张以具有浓厚地域特色的传统文化为根基，把古典元素植入现代景观小品与设施中，从而与项目建筑新中式的风格相协调，形成统一的整体。在现有的景观小品与设施中，高铁文化元素的应用略有体现，但也存在设计元素与高铁文化契合度不高、缺乏整体性构建思路等问题。

图 5-10　2019 年上铁房地产公司《标准化产品手册》

2023 年，通过收集相关资料、实地考察和问卷调查等方式，对上铁地产产品线应用的景观小品与设施中融入高铁文化元素的情况进行了深入调查与分析，为整体性地构建系统化的小品与设施来传播产品线的高铁文化内涵提供有力的支撑和依据。

上铁地产产品线的景观小品与设施经过多年的建设与发展，从忽视风格定位到注重与建筑环境协调统一及文化内涵的营建，已经逐渐形成了相对成熟的风格与特点，但仍存在缺乏对高铁文化深层次的理解、缺乏整体性构建思路等问题。

5.4.2 融合实践

1. 景观灯具——以上铁地产南京"淮风晓月"项目为例

景观灯具是现代景观不可或缺的设施,通常与其他景观小品,如雕塑、水景、景墙、绿景、花坛等,一起布局。常见的景观灯具主要包括路灯、庭院灯、地灯和壁灯等,其作用是提供照明,以增加空间的安全性,营造出独特的氛围。

在2020年及之前,上铁房地产公司项目的景观灯具应用多倾向于从标准手册中选型(图5-11、图5-12)。这种方式虽然简便,但往往缺乏独特性及文化内涵,因而无法充分展现项目的特色和品牌形象。

图5-11　2020年上铁房地产公司《标准化产品手册》中的景观灯具

图5-12　上铁地产金华"江枫雅苑"和连云港"叶海华庭"项目中的景观灯具

随着对项目品质和文化内涵的不断追求,上铁地产置业公司在2023年的项目中对景观灯具有了显著的改进,即用科学、领先、严谨、精致的品质标准以及高端、舒适和体贴的服务来体现"高铁品质、焕新城市"的品牌核心价值,并以高铁元素与中式传统元素相融合为设计理念,进行了一系列的景观灯具创新实践。

1) 方案推导

(1) 高铁元素提炼

以高铁场站序列轨道及动车组为原型,通过简化处理提取了其中具有代表性的流线线条。这些线条犹如闪电般锐利而生动,给人一种快速、稳定且高效的感觉。同时,结合"复兴号"高速铁路列车车头,提炼出简洁、明快的车头样式,再抽象出具有强烈视觉冲击力的三角形,通过几何重构,形成富有力量和速度感的基础单元元素,并运用创新的设计思维,将基础单元元素进行重组,运用到一系列的景观灯具中,为其增添一份时尚和现代的气息,如图5-13所示。

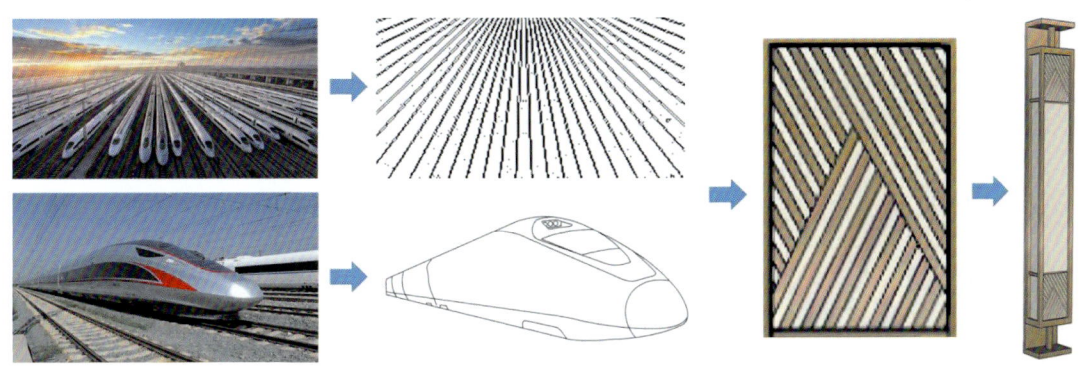

图 5-13　高铁元素提炼

(2) 材质与工艺

上铁地产南京"淮风晓月"项目景观灯的灯体均采用拉丝铜材质,以确保灯具的耐用性和稳定性。同时,独特的质感和处理工艺使得灯具表面肌理更加精致和温润,且能够长期保持其原有的质感和光泽,这也为本项目的景观灯具赋予了更高的艺术价值和质感(图5-14)。另外,铜材质还具有一定的文化象征意义。在中国传统文化中,铜被视为吉祥、富贵的象征。因此,采用铜材质制作的灯具,不仅能够彰显出传统文化的韵味,还能够为家庭或社区带来吉祥、富贵的寓意。

在确保为景观环境提供充足照明的同时,还需注重灯具的实用性和功能性,并关注其环保节能和可持续性。通过采用高效节能的LED灯具和智能控制系统,在有效降低能耗、减少对环境影响的同时,也可为社区的夜景增添一道独特的风景线。

2) 方案落地实例

上铁地产南京"淮风晓月"项目中系列灯具方案的落地应用如图5-15—图5-20所示。这些灯具不仅巧妙地融合了高铁文化元素与传统意蕴,更在细节处展现出上铁地产置业公司对品质和文化的不懈追求。南京"淮风晓月"项目中景观灯具的设计既符合现代审美,又彰显了传统文化的深厚底蕴,且实现了功能性与文化性的完美统一。同时,每一处细节都精心打磨,使景观灯具不仅满足了照明需求,更成为提升环境格调的艺术品。这些灯具的落地应用,无疑为项目增添了卓越的品质与丰富的文化内涵。

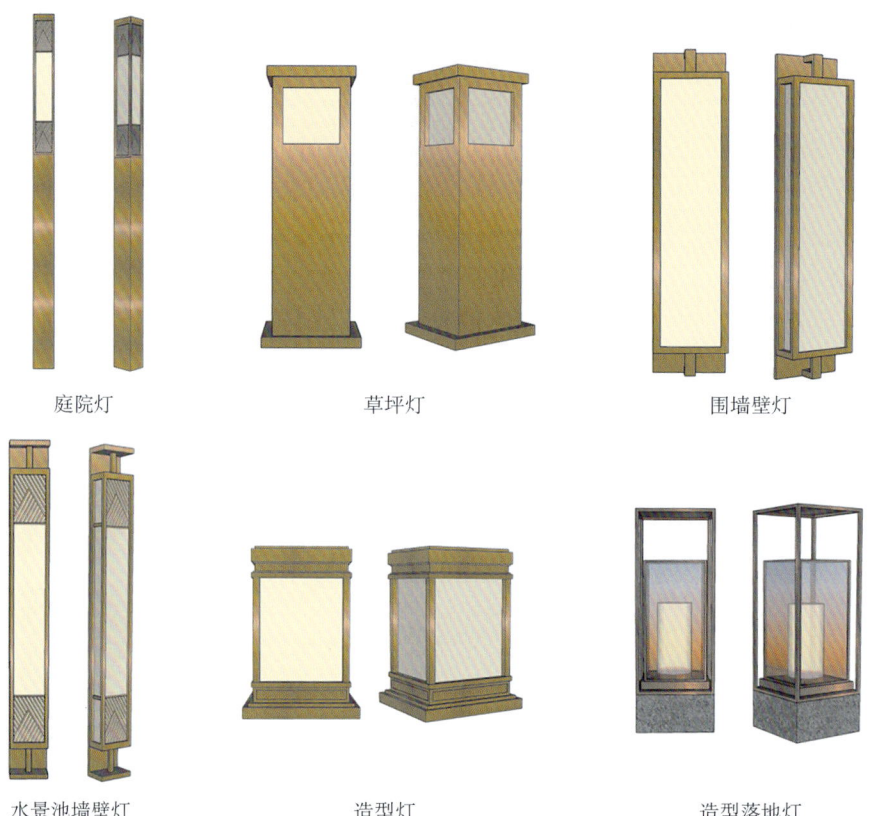

图 5-14　上铁地产南京"淮风晓月"项目景观灯具方案

图 5-15　庭院灯应用实景图

图 5-16　草坪灯应用实景图

图 5-17　壁灯应用实景图

图 5-18　水景池墙壁灯应用实景图

图 5-19　水景造型灯应用实景图

图 5-20　造型落地灯应用实景图

2. 围墙——以上铁地产杭州"江湘云庐"及南京"淮风晓月"项目为例

围墙是小区公共空间的重要部分,常常与小区出入口结合在一起,在景观设计中具有限入、防护、分界等多种功能,不仅是空间分割的界面,也起到美化空间的作用,为社区公共空间提供必要的保护和引导,使得居民在活动时感到安全和舒适。

2017 年,上铁房地产公司推出《建设工程标准化图集》,各项目的围墙均按照该图集进行标准化建设,如图 5-21—图 5-23 所示。这种做法虽有助于确保项目的建筑风格和质量达到统一标准,提高建设效率,降低成本,但在项目设计上缺乏独特的文化内涵和个性,不利于提升项目的品质和竞争力。

2023 年,为满足消费者对居住品质和文化底蕴的追求,进一步提升项目的品质和竞争力,上铁地产置业公司在杭州"江湘云庐"、南京"淮风晓月"等一系列项目中开始注重围墙与护栏设计中的文化内涵,特别注重融入高铁文化元素。通过在围墙的示例创新设计中融入高铁元素、中式元素和人文气质,从而将传统与现代、简约与时尚完美地结合在一起,展现出独特的美学魅力。

第 5 章　精雅妙趣　臻于细节——景观小品与设施

图 5-21　上铁地产常州"月馨苑"项目围墙实景图

图 5-22　上铁地产上海"石龙春晓"项目围墙实景图

图 5-23　上铁地产上海"石川春晓"项目围墙实景图

1) 方案推导

（1）高铁元素提炼

上铁地产杭州"江湘云庐"项目的围墙设计以"复兴号"列车的车身剪影作为主体设计元素，将铁轨的抽象形状作为骨架，从而构成对称且均衡的围墙单元（图5-24）。如此设计出来的围墙图形线条流畅、圆润，犹如钱塘江水悠悠长流，富有动感，使整个界面更加活跃灵动，同时也能反映出企业对于高效、快速和现代化的追求。

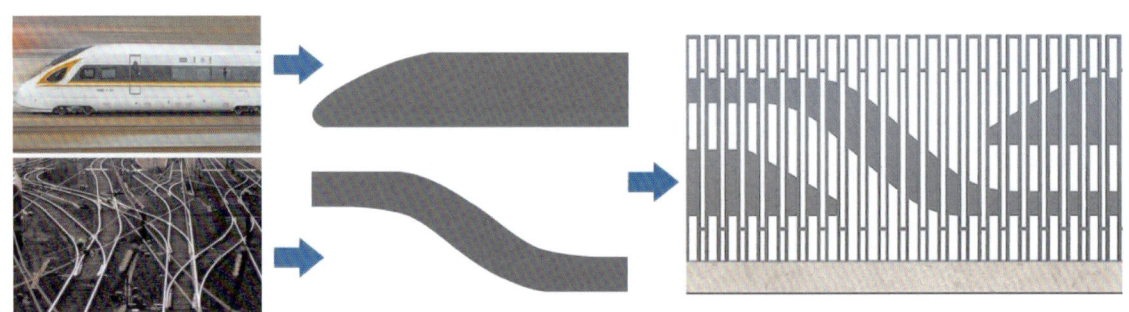

图5-24　上铁地产杭州"江湘云庐"项目围墙设计元素提取

（2）传统文化与高铁文化的融合

上铁地产南京"淮风晓月"项目的围墙设计是以中式格栅结合轨道的抽象形状为骨架，并融入铁轨及"复兴号"列车车身上的窗口元素（图5-25）。此种对称均衡的构图方式使得所设计的围墙更加符合中式建筑的美学标准，同时也为整个项目增添了一份庄重与典雅，呈现出一种既具有中式传统韵味又不失现代感的视觉效果。

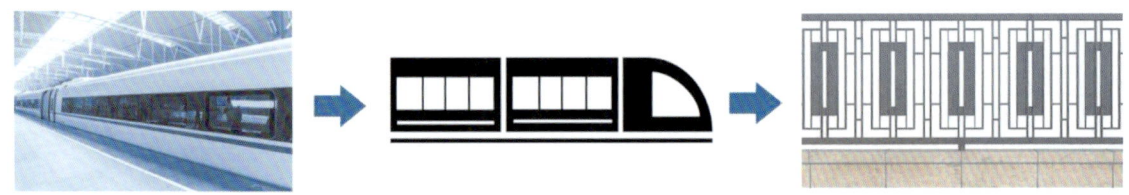

图5-25　上铁地产南京"淮风晓月"项目围墙设计元素提取

（3）材质与工艺

围墙与护栏材质均采用高质量的低碳钢管，经过精细铸造，加工出独特的造型和精美的图案。在低碳钢管表面喷涂深灰色和深咖色的防锈漆，不仅能有效防止材料生锈和腐蚀，同时也使围墙与护栏更加美观和耐用。深灰色与深咖色是一种非常经典和优雅的搭配，能够为庭院增添一份稳重和高级感。深化后的铁艺围墙与护栏设计方案追求线条的流畅与造型的美观，通过精心的材质选择和工艺处理，使围墙与护栏能够与项目庭院中的其他元素相协调,从而营造出和谐统一的美感,如图 5-26、图 5-27 所示。

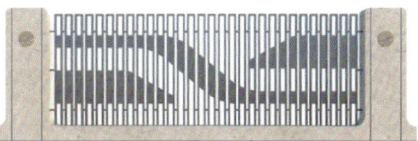
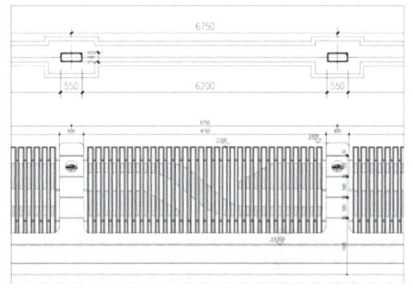

图 5-26　围墙案例一(方案深化图)

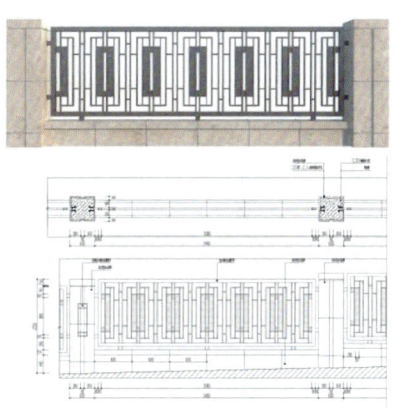

图 5-27　围墙案例二(方案深化图)

新推出的围墙方案具有坚固、耐久和美观的特性,同时也象征着对于高品质生活的追求,这与高铁的追求——实现"快捷便利、平稳舒适"的高速度,体现"安全可控、设备精良"的高可靠,追求"匠心卓越"的高品质——不谋而合。

2)方案落地实例

围墙设计方案在上铁地产杭州"江湘云庐"(图 5-28)与南京"淮风晓月"(图 5-29)两个项目中得到了完美呈现。这种融合了高品质与文化深意的设计,不仅增强了项目的市场竞争力,还以其独特的韵味,彰显出企业深厚的文化底蕴与卓越形象,实现了文化与商业价值的和谐共生。

图 5-28　上铁地产杭州"江湘云庐"项目围墙应用实景图

图 5-29　上铁地产南京"淮风晓月"项目围墙应用实景图

3. 景墙——以上铁地产连云港"叶海华庭"项目为例

景墙具有风格多样、造型丰富的特点,在地产项目景观设计中常常作为局部主景使用,一般设置在入口、广场中等位置,主要通过其独特的造型、材料、色彩、图案和空间层次等方式进行造景和装饰。例如,在景墙上安装浮雕,与假山、跌水等景观结合起来布局,其造型有长方形、弧形、不规则形状等,且外饰面材料常用天然石、人造石、金属、玻璃和防腐木等。

在 2023 年之前,上铁房地产公司所开发项目的景墙设计普遍缺乏内涵,尤其缺乏高铁文化元素的融入,导致品牌辨识度较弱,无法有效地传达出特定的文化信息或情感共鸣,如图 5-30—图 5-33 所示。

图 5-30　上铁地产上海"石川春晓"项目小区入口处景墙

图 5-31　上铁地产蚌埠"文馨花都"项目小区景墙

图 5-32　上铁地产金华"江枫雅苑"项目小区景墙

图 5-33　上铁地产连云港"叶海华庭"项目小区景墙

自 2023 年起,面对激烈的市场竞争,上铁地产置业公司敏锐把握市场脉搏,积极寻求创新之路,致力于高铁文化元素与产品线的深度融合。景墙作为地产项目中的重要组成部分,成为融入高铁文化的关键一环。以上铁地产连云港"叶海华庭"项目为例,其将高铁元素与传统文化相融合,打造出了彰显品牌特色和文化内涵的景墙方案。这一创新举措不仅提升了项目的品质,也树立了新的标杆。

1) 方案推导

(1) 高铁与区域文化元素提炼

上铁地产连云港"叶海华庭"项目的景墙主题为"叶海港居图",其造型是中式三联屏,中央主屏为 2 m×3 m 大幅石材浮雕,两侧小屏留白,这种传统与现代相结合的设计形式,使得景墙充满了韵味与特色。其中,浮雕以体现连云港地域文化的"海州古城""花果山""云台山""连岛"等元素与体现高铁文化的"复兴号""连云港站"等元素相融合,以祥云为纽带巧妙地将这些景观元素串联构成一派"山、海、港、岛、城"五位一体的华美景象,展现了连云港自然和文化珠联璧合的"东海第一胜境"的地域特色(图 5-34)。连云港作为新亚欧大陆桥的东方桥头堡,陆上丝路与海上丝路在这里双向奔赴,展现出连云港逐梦高铁、后发先至的新时代风貌。

图 5-34　"叶海港居图"景墙设计元素的提取

(2) 节奏和韵律营造

细节处理是中式景墙深化设计中的重要环节之一(图5-35),深化过程运用多种元素和技巧来丰富其视觉效果和文化内涵:通过三面墙体的不同宽度、厚度和材质变化,形成丰富的层次感,墙体之间用铝格栅连接,使整个景墙看起来更加立体和生动;强化三面墙体虚实节奏和韵律,通过重复、对比等手法营造出一种简洁而富有变化的视觉效果;画面中进一步融入山水、花鸟等传统文化元素,使景墙不仅更具有观赏价值,还更富有深厚的文化内涵。

图 5-35 "叶海港居图"景墙设计深化图

(3) 材质和工艺

根据所处的环境和整体风格,景墙的主材选择灰白、清灰的花岗岩,并搭配深咖色的铝材进行构建,这些材质不仅具有自然质朴的美感,还与周围环境相融合,体现出中式风格的简约与内敛。

在景墙周边配置投射灯、地灯等照明设备,在夜晚或昏暗的环境中,适当的灯光照射,可以突出景墙的重点和层次感,使景墙在夜晚也能展现出迷人的魅力。

2) 方案落地实例

景墙创新方案"叶海港居图"在上铁地产连云港"叶海华庭"项目中得到了落地实施,如图5-36、图5-37所示。建成的景墙巧妙地融入了高铁特色与文化意蕴,格调高雅,特色鲜明,展现出卓越的艺术品质与独特的文化内涵。无论是白天还是黑夜,景墙都展现出独特的魅力,不仅有效提升了项目的整体品质,还增强了项目的市场竞争力。

4. 花钵——以上铁地产南京"淮风晓月"等项目为例

花钵虽然不是景观中的主导元素,却是最常见的风景园林小品。花坛看似简单,但只要精心构思,与周围环境相协调,就能起到烘托、点缀、衬托、填白等景观的强化作用。

在2023年之前,上铁房地产公司所开发的项目中,花钵普遍选用市场通用型产品,风格样式比较杂乱,且缺乏高铁文化元素的融入,从而无法有效地传达出特定的文化信息或情感共鸣。图5-38为上铁房地产公司2017年发布的《建设工程标准化图集》中的通用树池和花钵。

图 5-36　上铁地产连云港"叶海华庭"项目"叶海港居图"景墙实景图（前视）

图 5-37　上铁地产连云港"叶海华庭"项目"叶海港居图"景墙实景图（后视）

图 5-38　上铁房地产公司 2017 年《建设工程标准化图集》中的通用树池与花钵

在上铁地产南京"淮风晓月"项目中，通过综合考虑功能性、美观性以及与周围环境的协调性等，打造了新古典风格的花钵方案。其形象精致、典雅，简洁明快，富有时代气息。

1）方案推导

（1）高铁元素融合

以高铁车轮作为设计的核心元素，花钵主体腰线采用两道平行的轨道圆环，这与高铁轨道的形象巧妙呼应，使得整个花钵仿佛融入了高铁的速度与激情。

花钵上口的流线设计则汲取了"复兴号"高铁车头的流线设计语汇，使得整个树盆的上口看起来舒展自然,犹如高铁在风驰电掣中留下的优雅轨迹。上口的细节处理不仅使花钵具有现代感,同时也增添了一份动感和生命力。

花钵上端部分纹样的灵感来自高铁的轮、轨等元素,这些元素抽象重组后又融合传统纹样,使花钵既具有浓厚的文化底蕴,又具有现代时尚气息,还增强了花钵的立体感和层次感,如图 5-39 所示。

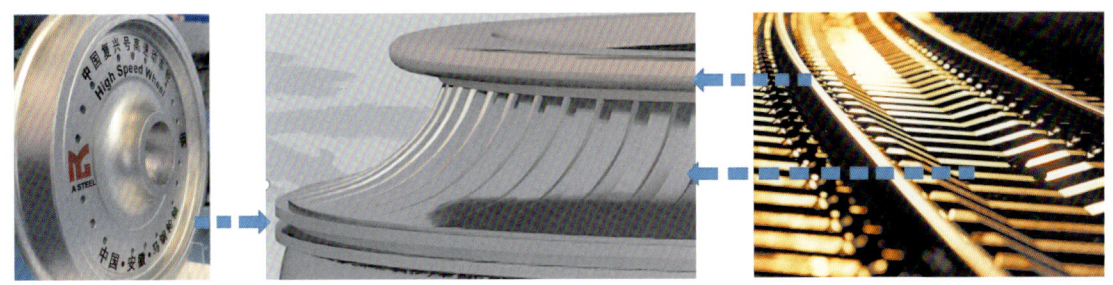

图 5-39 花钵设计元素的提取

（2）材料与工艺

考虑到花钵的耐久性、环保性、维护成本以及整体视觉效果,故材料选用性能优良的玻璃钢,表面仿古铜色。为与中式风格大门相协调,花钵的下半部分表面则采用了传统的锤纹肌理。传统纹样中的锤纹是一种具有独特美感和文化价值的装饰元素,使得花钵仿佛承载了历史的痕迹和岁月的印记,不仅提升了整个花钵的质感,使其增添了一种古朴、典雅的美感,还具有历史感和文化韵味。

考虑到花钵设置于项目入口两侧,为了与大门尺寸相协调,花钵的直径达到了 2.6 m 的超大型规格。如此巨大的尺寸和独特的造型会给人产生强烈的视觉冲击。为了能更吸引人们的注意,同时也表达欢迎、友好的情感,花钵上栽种了迎客松。其独特的形态,成为空间中的主导元素,如图 5-40 所示。在中国传统文化中,迎客松被视为吉祥之树,能带来好运、幸福和财富等美好的事物,也寓意着对社区居民未来生活的美好祝愿。

图 5-40 花钵设计深化图

2）方案落地实例

花钵在南京"淮风晓月"和连云港"叶海华庭"项目中的落地应用，巧妙地将自然之美与人文之韵相融合，为项目增添了生机与活力，如图 5-41、图 5-42 所示。

图 5-41　上铁地产南京"淮风晓月"项目花钵景观

图 5-42　上铁地产连云港"叶海华庭"项目花钵景观

5. 园路——以上铁地产连云港"叶海华庭"项目为例

园路是园林硬质景观的重要组成部分，具有分隔空间、视觉引导及表现主题的作用。作为景观空间的一个界面，道路铺装和建筑、绿化、水体一样，是景观艺术创造的重要因素之一。

园路应根据人流、景观主题、绿地功能等综合因素进行布局和铺装图案设计，通过铺装布局、图案或材质、色彩的变化给行人以方向感，满足人们通行、交往、运动、游憩等需求，创造出优美的地面景观。居住区道路的特性具有交通规划、安全管理方面的重要作用，这些特性的综合考虑和优化设计有助于提升小区的整体品质和居民的生活质量。

在 2023 年以前，上铁房地产公司在各项目的园路建设方面展现出了高品质、高标准的特点，确保了园路的实用性和耐用性，如图 5-43—图 5-46 所示。然而，也存在对于小区历史、文化等元素挖掘和运用不足的情况。这在一定程度上影响了小区特色与文化内涵建设。

为了更好地展现出小区特色和文化底蕴，上铁地产置业公司在连云港"叶海华庭"项目中，通过综合考虑功能性、美观性和文化特色，打造了一系列融入高铁文化元素的园路方案。

第 5 章　精雅妙趣　臻于细节——景观小品与设施

图 5-43　上铁地产合肥"高铁花园"项目园路实景图

图 5-44　上铁地产上海"石龙春晓"项目园路实景图

图 5-45　上铁地产昆山"阳澄春晓"项目园路实景图

图 5-46　上铁地产上海"石泉春晓"项目园路实景图

1) 方案推导

(1) 高铁元素提炼

高铁作为一种现代化的交通工具，不仅代表着快速、便捷和高效，还承载着时代精神和文化象征。将高铁文化融入园路铺装设计中，不仅可以为人们创造出一种独特的空间体验，还能传达出特定的信息和价值观。

上铁地产连云港"叶海华庭"项目的园路铺装方案灵感汲取自"复兴号"高铁列车。从"复兴号"高铁列车不同视角的轮廓、高铁运行会车状态抽象出蕴含高铁文化的图案、线条等元素，并通过不同的排列和组合方式形成丰富的视觉效果，以增强空间的整体感和秩序感，同时强化了园路的导向性，引导行人顺畅通行，并且通过突出高铁主题，营造出现代化、高科技的氛围，如图 5-47、图 5-48 所示。

(2) 材质与色彩细节

园路铺设方案以高铁车身、钢轨和轨枕为设计原型，用三种颜色的石材来呈现高铁轨道平面俯视的意象效果，如图 5-49—图 5-52 所示。以白色石材为底，采用浅灰色石材勾勒高铁车身或钢轨外形，用深灰色石材勾勒轨枕或钢轨外观，配色较为丰富，可满足色彩多样化的需求。这种颜色搭配不仅使铺装具有简约的特点，还与周围环境相得益彰，营造出一种舒适、和谐的氛围。色调的选择不仅稳重而雅致，也体现出与高铁科技相呼应的现代感，

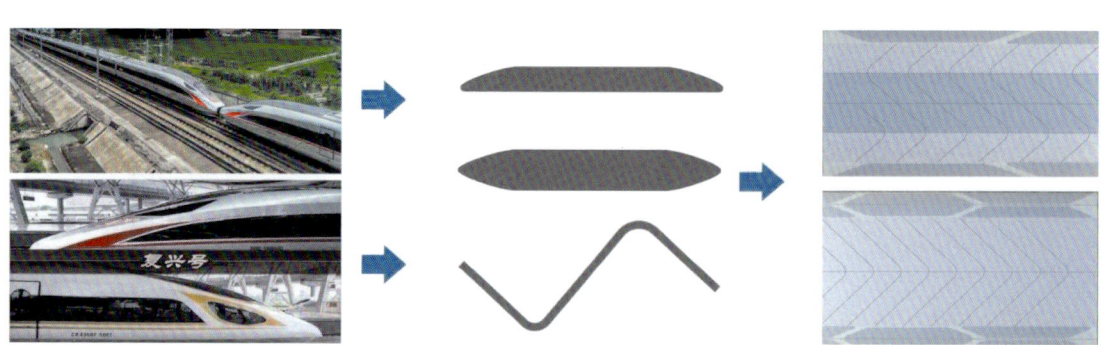

图 5-47　园路铺装设计元素提取一

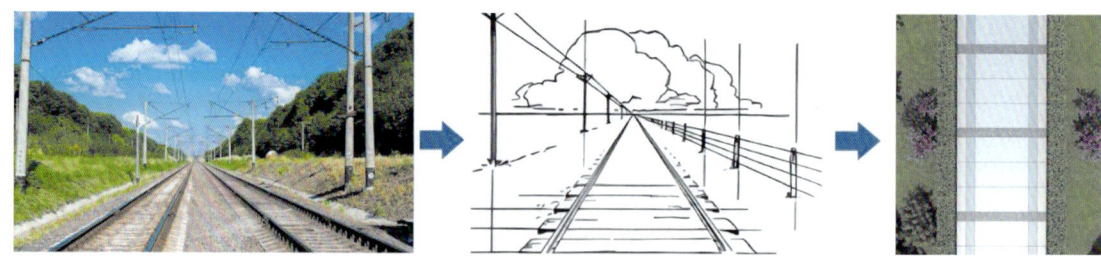

图 5-48　园路铺装设计元素提取二

为整个公共空间增添了一份高贵和典雅。同时，应注重环保与可持续性，尽可能地选择环保材料和采用可持续的施工方法，以减少对环境的影响。例如，选择可再生材料或回收材料作为铺地材料、采用低能耗的施工工艺等。

景观园路的铺装设计提炼自"复兴号"高铁列车车身概念。两侧道路装饰带是由高铁车身侧面形态的剪影进行正反交替拼接而成；中间道路的流线型设计，是两辆高铁列车会车时车头形态的高度抽象化展现。高铁元素的道路铺装、灰白双色的颜色运用、划分明确的双向道路充分发挥了视觉引导效果，凸显出公共空间的灵动感

图 5-49　园路铺地深化方案一

第 5 章　精雅妙趣　臻于细节——景观小品与设施

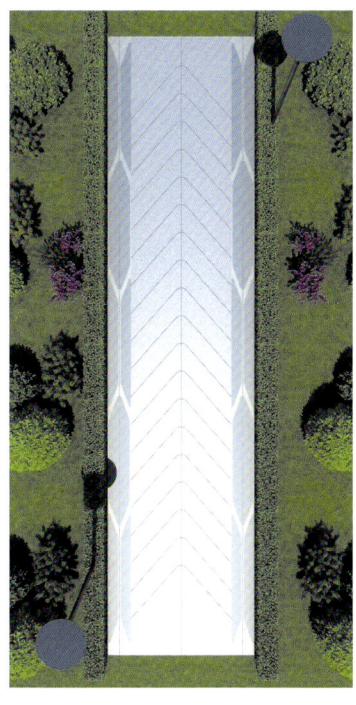

此铺装设计方案中两侧道路装饰带由双拼高铁侧身剪影和高铁顶视图交替排列而成；中间道路铺装设计是高速行驶中高铁车头形态的抽象化展现，形成道路不断前行的延伸感，适用于方向性较强的单向道路

图 5-50　园路铺地深化方案二

此铺装设计方案以高铁铁轨造型为设计原型，用灰色石材勾勒出铁轨外形、用拼缝设计勾勒出枕木外观，使景观园路的铺装达到高铁轨道平面俯视的意象效果。石材颜色采用灰白双色，铺装简约，兼具经济性和设计感

图 5-51　园路铺地深化方案三

117

此铺装设计方案同样以高铁铁车型为设计原型,采用三种颜色的石材来呈现高铁轨道平面俯视的意象效果,以白色石材为底,采用浅灰色石材勾勒铁轨外形,用深灰色石材勾勒枕木外观,配色较为丰富,可满足色彩多样化的需求

图 5-52　园路铺地深化方案四

2)方案落地实例

在上铁地产南京"月和园"、连云港"叶海华庭"等项目中,园路方案得到了完美呈现,如图 5-53—图 5-57 所示。高铁列车车身轮廓、轨道等高铁文化元素的图案特色鲜明,黑白灰三色的颜色采用充分发挥了视觉引导效果,凸显了公共空间的灵动感,有效地烘托出了小区环境的文化气氛,起到引人注目、触景生情的效果,从而让人产生一种文化共鸣。

图 5-53　上铁地产南京"月和园"项目庭院园路铺装

图 5-54　上铁地产连云港"叶海华庭"项目园路铺地实景图一

图 5-55　上铁地产连云港"叶海华庭"项目园路铺地实景图二

图 5-56　上铁地产连云港"叶海华庭"项目园路铺地实景图三

图 5-57　上铁地产南京"淮风晓月"项目园路铺地实景图

5.4.3　最终成果融合呈现

如图 5-58、图 5-59 所示是景观小品与设施系列方案的最终成果融合呈现,也是对整个设计过程中所有元素和细节的综合体现。

景观小品与设施系列方案不仅代表了卓越的设计思维与创新理念,更是对上铁地产置业公司各项目整体风格与品质的完美诠释。设计过程中通过将高铁文化精髓与地域特色巧妙融合,使景观小品与设施不仅是空间装饰,更是项目文化的生动载体。它们以独特的方式,深化了项目的文化内涵,提升了其艺术价值,为每个项目赋予了丰富的文化魅力和审美韵味。同时,这些景观小品与设施还充分展现了上铁地产置业公司对于设计细节的严谨把控,以及对于项目品质的极致追求,从而确保了项目的整体和谐与完美呈现。

高铁文化元素融合与实践——上铁地产企业形象与产品线创新

精雅妙趣 臻于细节——景观小品与设施 　　景墙篇

元素融合过程

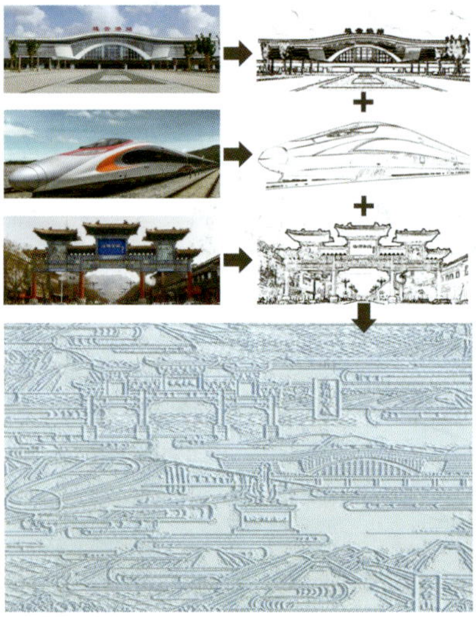

设计说明

连云港"叶海华庭"项目景墙主题为"叶海港居图",造型是中式三联屏,中央主屏为2m×3m大幅石材浮雕,两侧小屏则留白,这种传统与现代相结合的设计形式,使得景墙充满了韵味与特色。浮雕以体现连云港地域文化"海州古城""花果山""云台山""连岛"等元素与体现高铁文化的"复兴号""连云港站"等元素相融合,以祥云为纽带巧妙地将这些景观元素串联构成一幅"山、海、港、岛、城"五位一体的华美景象,展现了连云港自然和文化珠联璧合的"东海第一胜境"的地域特色。作为新亚欧大陆桥的东方桥头堡,陆上丝路与海上丝路在这里双向奔赴,展现出连云港逐梦高铁、后发先至的新时代风貌。

南京"淮风晓月"项目 　　南京"月和园"项目

金华"江枫雅苑"项目 　　蚌埠"文馨花都"项目

最终方案应用实景

连云港"叶海华庭"项目

图 5-58 "景墙篇"成果融合呈现

第 5 章　精雅妙趣　臻于细节——景观小品与设施

图 5-59 "园路篇"成果融合呈现

第6章

匠心设计　至微体验

——建筑公共区环境

6.1　建筑公共区环境概述

6.1.1　建筑公共区环境的定义及内涵

建筑公共区环境是指建筑内部及其周边给公众使用的空间环境,它不仅是物质层面的构造和空间布局,还承载着社会文化、人际交往等多重内涵。这些公共空间主要包括楼道、走廊、大厅、广场、公园等,它们不仅为居民提供了通行、休憩、娱乐、社交的场所,同时也是城市形象和文化底蕴的体现。优质的建筑公共区环境能够提升居民的生活品质,促进社区的和谐与发展,反之则可能引发诸多问题。因此,建筑公共区环境的规划与设计至关重要,直接关乎人们的生活质量和城市的整体风貌。

从广义上讲,住宅建筑的公共空间涵盖了住宅小区内部及其周边的一切非私有空间。这些空间不仅仅是居民日常生活的场所,更是他们进行社交、休闲、娱乐的重要场所。住宅小区内部空间的构成十分丰富,包括居住区的入口空间、交往空间、道路空间和绿化空间。入口空间是小区的形象展示,也是居民日常出入的必经之地。交往空间则是居民之间交流、互动的场所,如广场、凉亭等,为居民提供了一个开放的社交平台。道路空间是小区内部的交通网络,不仅承载了通行功能,也是小区景观的重要组成部分。绿化空间为小区带来了生态与美观的双重效果,其中植物的选择与配置都体现了对人与自然和谐共生的追求。

建筑内的接地公共空间、入口门厅、楼梯间及电梯厅等是居民日常出行必经的场所,其设计直接影响到居民的生活品质。公共楼道、空中庭院、空中廊道等则为居民提供了立体化的公共活动空间,这使居住体验更为丰富多样。屋顶公共空间是一种特殊的存在,它不仅是一个开放的公共区域,也是居民俯瞰整个小区美景的绝佳位置。

住宅建筑公共空间的周边部分,其范围则更为广泛,包括了小区外部的道路、公园、体育场等。这些空间与小区内部空间形成了紧密联系,为居民提供了更多的休闲与娱乐选择。它们不仅丰富了小区居民的生活,也为城市的空间布局增添了一抹亮色。

从狭义上讲,住宅建筑的公共空间主要聚焦于小区内部的公共区域。这些区域虽然范围有限,但其在居民日常生活中的重要性不容忽视。本章将深入研究这些区域的设计原则、功能布局、空间利用等方面的内容,以期为住宅建筑设计相关领域提供有益的参考。

6.1.2 建筑公共区环境的意义及价值

建筑公共区环境在建筑设计和城市规划中扮演着重要的角色,它的意义与价值体现在多个方面,不仅关乎美学和实用性,还与社会、文化和人的全面发展紧密相连。

(1)市民的教育意义。建筑公共区环境常常会融入当地的历史文化元素,使其成为文化传承的载体。市民在日常生活中接触这些设计,能够潜移默化地加深对本土文化的理解和认同。同时,高质量的环境设计也能提升市民的审美品位,使他们更加关注生活中的美,进而提升整个社会的审美水平。

(2)促进城市精神文明建设。建筑公共区环境是城市形象的重要组成部分。一个美观、舒适、功能完善的公共区能够传递出城市的价值观和文化取向,引领社会风尚。同时,建筑公共区环境设计中融入地方特色和文化元素,能够增强市民的归属感和自豪感,促进市民形成积极向上的精神风貌,有助于提升城市的整体形象,增强城市的凝聚力和竞争力。

(3)促进社会和谐发展。良好的建筑公共区环境除了为市民提供交流的场所和机会外,还有利于增进人与人之间的了解和友谊,提高市民的生活满意度和幸福感。在如今快节奏、高压力的城市生活中,一个舒适、宁静的公共区能够成为人们放松身心、缓解压力的好去处,从而有助于减少社会矛盾和冲突,促进社会和谐发展。

综上所述,建筑公共区环境的价值不仅体现在美学和实用性上,还体现在其对市民教育、城市精神文明建设和社会和谐发展的深远影响上(图6-1)。因此,在地产开发过程中,应充分考虑这些方面的因素,重视公共区环境设计,创造出美观实用、又符合城市文化特色、还能促进社会和谐发展的社区公共空间。这不仅是满足居民生活需求的必要举措,还是提升项目竞争力、实现可持续发展的关键要素。

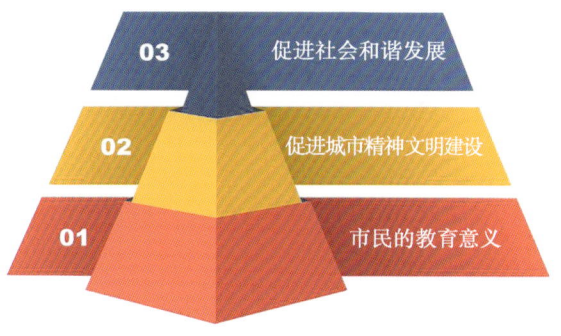

图 6-1 建筑公共区环境价值金字塔

6.1.3 建筑公共空间的历史与发展

建筑公共空间的演变是一个动态且多层次的过程,受到多种因素的交织影响。这种演变不仅是建筑历史的一部分,也反映了人类社会和文化的发展脉络,如图6-2所示。我国古代住区公共空间从《考工记》中的"……方九里,旁三门,国中九经九纬,经涂九轨……"到里坊制,到引入开放型的商业街与市场、增加商业机会与自由度的街巷制,再延续到以院为基本单元,形成空间递进式的胡同制,其整体以封闭、等级化和公共空间有限等特点为主。

近现代,我国住区公共空间又从封闭、等级化的古代住区公共空间转变为中西方文化融合与碰撞所产生的民国风格,到住区四周由城市街道作为边界的周边街坊制,再到以包含众多功能空间类型的"单位大院"为基本构成单元的单位型社区，进而逐步形成独立于城市内部的封闭式商品房小区。虽然，社区仍采取封闭式管理，但小区空间发生的多方面变化和发展直接或间接地提高了居民的生活质量和居住体验。

注重外向性、开放性和多功能性的现代社区规划使得社区公共空间变得更为开放，也更具多功能性。这一趋势对于城市和社区的未来发展具有重要意义，有助于建立更加开放、互动和多元化的城市社区。

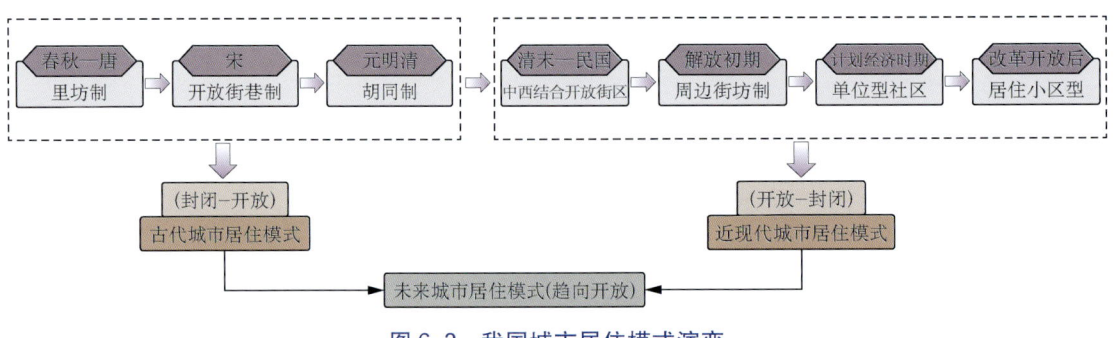

图 6-2　我国城市居住模式演变

6.2　建筑公共区环境的内容及分类

6.2.1　住宅建筑室外公共空间

依据功能分类可将住宅建筑室外公共空间归纳为以下四大类。

1. 入口空间

住宅建筑室外入口空间可分为居住区入口空间与地下车库入口空间。

居住区入口空间是指居住区入口处的建筑和环境，通常由门头、门柱、门洞等构成。居住区入口空间是居住区与外部城市道路之间的过渡空间，也是居住区与城市道路的连接点。在功能上，首先，居住区入口空间能起到分隔居住区和外部城市道路的作用，增强居住区的私密性和安全感；同时，能够改善和丰富居住区的整体环境，增加街道的特色和吸引力，是提高城市环境质量的重要组成部分。其次，作为人与车辆出入小区的缓冲场地，它能够有序地分割交通流线，保证交通安全。居住区入口空间作为整个小区的门面会影响居住区的整体形象和品质。为此，入口空间的设计需要考虑多个因素，包括入口的交通流量、安全性和舒适性、建筑和环境的协调性等，如图 6-3 所示。

地下车库入口空间是指连接地面与地下车库的过渡区域，是车辆进出地下车库的必经之路。这个空间的设计和建设对于地下车库的使用和安全至关重要。通常来说，地下车库入口空间由雨棚、坡道或升降平台、门禁系统、监控摄像头、照明设备以及指示标志和标识构成，如图 6-4 所示。坡道或升降平台的设置，可以方便车辆进出。门禁系统、监控摄像头等设备的设置，则可以确保车库的安全性和管理的方便性。

图 6-3　居住区入口空间（上铁地产合肥"高铁花园"项目）

图 6-4　地下车库入口空间（上铁地产上海"石川春晓"项目）

在地下车库入口空间的设计中，主要考虑车辆的进出流线、行车安全、视线引导、标识设置、照明等内容。同时，地下车库入口空间也需要与周围环境相协调，以保证整体的美观性。

2. 交往空间

交往空间是指人们进行社交活动的场所。人在空间中的活动可分为动态活动和静态活动两种，故社区交往空间也可以分为动态交往空间和静态交往空间，如图 6-5 所示。

1）动态交往空间

社区的动态交往主要有晨跑、晨练、饭后散步、球类运动、儿童活动、小区广场舞等。动态交往空间可划分为居住区步行空间与居住区广场空间。步行空间主要满足散步、晨跑等大范围移动的运动活动，广场空间则主要满足球类运动、小区广场舞等小范围移

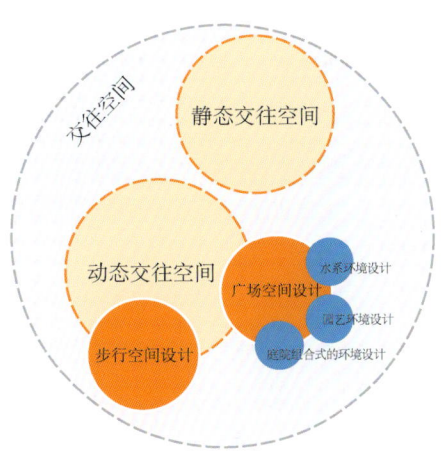

图 6-5　交往空间分类

图 6-6　廊下静坐、交谈空间（上铁地产淮南"舜耕花都"项目）

动的运动活动。

2）静态交往空间

社区的静态交往主要以短时间聚集为主，包括闲谈、棋牌游戏、夏日纳凉、冬日晒太阳等。静态交往空间强调给居住者提供舒适的驻足停留、小坐休憩的环境空间。诸如可以让人依靠的栏杆、可以让人坐下的大台阶、可以让人席地而坐的绿化草坪、软性的边界、可以提供桌椅的亭子等都能够成为静态交往活动的场所，如图 6-6 所示。

3. 道路空间

道路空间作为连接各空间区域的纽带，不仅是交通场所，也是居民社交驻足的空间。在满足社区居民日常生活交往需求的基础上，它还承载着居民对社区的认同感。除了提供交通功能外，道路空间还包括道路绿化、道路基础辅助设施以及衍生出的社交活动附属空间等周边设施。

从交通功能角度来看，居住区道路分为三种类型：人行道、车行道和非机动车道。居住区的交通组织方式也有三种：人车混行、人车分行和人车共行，如图 6-7 所示。

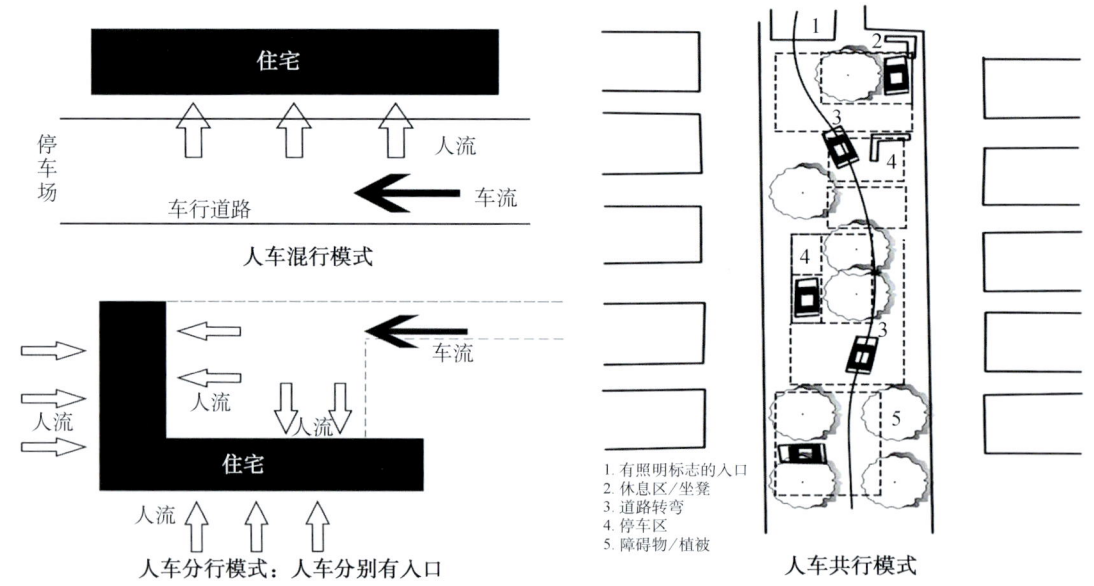

图 6-7　居住区交通组织方式

4. 绿化空间

绿化空间是社区公共空间中必不可少的部分，它不仅可以净化空气、创造宜人的休闲环境，还具有防灾作用，必要的时候还可以充当一定的避难场所。

公共绿化空间不仅是用来植草种树的，良好的绿化景观设计可以对功能空间进行界定以及柔化建筑边界。居住区绿化空间中的植物配置应以乔木为主，乔、灌、草综合配置。另外，植物品种也应多样化，以形成一定比例的立体化种植。这样既可形成丰富的绿化体量轮廓线，又可在不同的季节形成不同的绿化景观，如图6-8所示。

良好的绿化景观设计还可以降噪、减少污染、改善住区微气候和优化环境，甚至可以通过植物的配置来打造特色社区。

图6-8 小区绿化节点景观（上铁地产蚌埠"文馨花都"项目）

6.2.2 住宅建筑室内公共空间

1. 接地公共空间

高层住宅小区的接地公共空间起着重要的过渡作用，它主要连接建筑外部空间和建筑底部空间，是居民日常生活中的必经之地。入口设计对增强居民的认可度和归属感至关重要。在高层住宅中，接地公共空间主要分为四种类型：直接接地式、底层架空式、部分架空式和底层商业、公共服务裙房式，如图6-9所示。

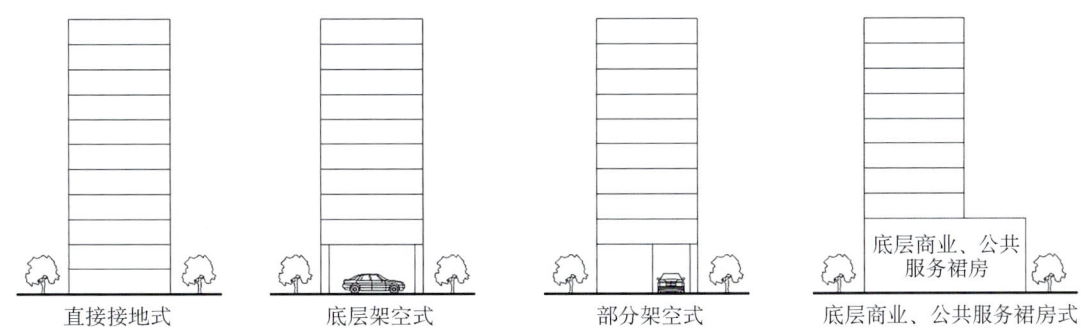

图6-9 高层住宅接地公共空间的多种形式

直接接地式是最为常见的住宅接地公共空间形式，是指在住宅的底层均有设计住宅套内户型。底层架空式是指高层住宅的首层不用作住户套内功能，而被用于扩大公寓内的公共活动和绿化空间，减少底层居住的光线、视线和噪声干扰，提高空气质量，以及提供居民社交和活动的空间。部分架空式是指该层的一部分用作住户套内功能，而另一部分用于绿化、活动设施或配套服务设施等其他用途。这种类型的接地公共空间旨在通过柔和的过渡方式，强化室内外之间的边界，提高居民的领域感。底层商业、公共服务裙房式是指高层住宅中的1～2层作为公共服务配套设施，主要用于商业以及社区公共服务，一般在临街的位置以及人流密集的位置设置。上铁地产置业公司开发的项目中各种接地公共空间类型实景如图6-10所示。

直接接地式　　　　　　　　底层架空式

局部架空式　　　　　　　　底层商业、公共服务裙房式

图6-10　上铁地产置业公司开发的项目中各种接地公共空间类型实景图

2. 入口门厅

入口门厅是指位于建筑物的正立面或主要立面，作为建筑物主入口和接待区域的空间。其通常由大门、门厅、接待处等组成，承担住宅建筑室内与室外的过渡功能。因此，入口门厅成为居民活动较为密集的场所，能够为居住者营造温馨、舒适的空间环境，同时也能够给居住者提供归属感与认同感等的情绪价值空间。入口门厅通常为开放式，宽敞明亮，具有良好的视觉效果。同时，入口门厅会配置安全措施，如安装门禁系统、监控设备等，以

确保小区安全,如图 6-11 所示。

图 6-11 入口门厅(上铁地产蚌埠"文馨花都"项目)

3. 楼梯间及电梯厅

楼梯间和电梯厅是建筑内部连接各楼层的通道,通常设置在建筑的中心位置。楼梯间由楼梯、扶手、楼梯间门等组成。电梯厅是位于楼梯间旁边的区域,通常包括空间宽敞的候梯区域和楼梯旁的过渡空间。楼梯间和电梯厅在建筑中是连接各个建筑楼层的纽带,也是居民交往活动最频繁的场所。楼梯间作为主要的紧急逃生通道,应确保在紧急情况下居民能够快速安全地离开建筑物。电梯厅在楼梯间旁边提供了等候电梯的舒适空间。楼梯间和电梯厅均具有垂直性特点,在建筑结构上处于垂直方向上,由于其特殊的位置和属性,需要在设计时注意安全、通风和采光等问题,并满足相关规定和要求。图 6-12 所示为上铁地产合肥"高铁花园"项目电梯厅实景。

4. 公共楼道

公共楼道作为连接住户单元门的通道,能够方便居民进出住宅(图 6-13)。同时,它还承担着居民之间的短时社交功能。居民在楼道里相互问候、交谈,可增进邻里关系,提升社区归属感。另外,公共楼道是居民逃生的必经之地,其安全性尤为重要。楼道的设计应满足相关的消防规范,并配备相应的防火门、灭火设备等,以确保居民在紧急情况下可以快速、安全地疏散。

图 6-12 电梯厅(上铁地产合肥"高铁花园"项目)

图 6-13 公共楼道（上铁地产杭州"江湘云庐"项目）

5. 地下车库

地下车库是指建筑物地下或者半地下空间设计建造的停车场所。在居住建筑室内空间中，地下车库通常用于停放汽车，但也可用于停放其他类型的车辆，如摩托车、自行车或三轮车等。以色彩的情感分析为前提，选用清新的浅绿色、温暖的黄色、纯净的浅蓝色以及热情的粉色来划分地下车库不同的区块。通过科学地运用这些色彩，地下车库不仅能够满足基本的停车需求，在塑造不同的色彩形象的同时，也能起到缓解住户疲劳与焦虑情绪的作用，从而创造出一个舒适、温馨、安全的停车环境。如此一来，不仅提升了地下车库的使用价值，也提高了住户的生活品质。

6. 空中庭院

住宅建筑中的空中庭院是一种创新的建筑形式。它将传统的庭院景观与现代高层建筑相结合，从而为住户提供更加舒适、健康、生态的居住环境。空中庭院通常位于高层住宅建筑的阳台或露台区域，结合绿化、景观等元素，营造出一个私家花园的氛围。空中庭院能促进自然通风和采光，降低能源消耗；同时，结合其他生态技术手段，可成为一种有效的环保和节能的空间形式。空中庭院在高层住宅中的分布有三种模式：穿越式、路过式和尽端式。

7. 屋顶公共空间

屋顶公共空间是指位于建筑物顶部的公共区域，通常包括楼顶平台、设备间、电梯机房等。相对于门厅空间、走廊空间、楼梯间等空间，屋顶公共空间的开放性、可塑性更强，如果空间能被充分利用，建筑的屋顶将成为高层建筑中积极而有活力的公共场所。停车场入口屋顶空间运用逐级退台的空间处理方式，在弱化停车场入口建筑体量感的同时，辅以绿化屋顶来增加其与周边环境的融合以及绿化景观的整体美观度，如图 6-14 所示。

图6-14 停车场入口屋顶空间(上铁地产上海"石川春晓"项目)

6.3 高铁元素融合建筑公共区环境过程

6.3.1 融合原则

1. 功能性原则

建筑公共区环境的设计首先要满足其功能性需求。高铁元素的融入应当服务于提升公共区环境的实用性和便捷性。例如,在人流密集区域,可以利用高铁流线型设计元素,优化人流导向,提高通行效率。同时,公共设施的布局和设计也应考虑到人们的日常需求,如休息、交流、娱乐等,故高铁元素的融入应确保能使公共设施不仅实用,而且美观。

2. 文化性原则

高铁作为一种现代化的出行方式,其元素本身就蕴含着丰富的文化内涵。在融合高铁元素时,应注重传承和弘扬高铁文化,展现高铁技术的先进性和创新性。可以通过在公共区环境中设置高铁元素的雕塑、壁画、景观小品等,让人们在欣赏美景的同时,也能感受到高铁文化的魅力。

3. 协调性原则

高铁元素的融合应与建筑公共区环境的整体风格相协调,避免产生突兀或不和谐的感觉。在设计中,应充分考虑公共区环境的建筑风格、色彩搭配、材质选择等因素,以确保高铁元素能够自然地融入其中,形成统一而和谐的视觉效果。

4. 可持续原则

在融合高铁元素的过程中,应重视环保和节能。通过选择环保材料,利用可再生资源,以减少对环境的影响。同时,在公共区环境的规划中,也可以考虑采用绿色设计手法,如增加绿化面积、设置雨水收集系统等,以提升公共区环境的生态性能。

5. 创新性原则

在融合高铁元素的过程中,应积极探索新的设计思路和技术手段,打破传统的设计框架,从而创造出具有独特性和前瞻性的公共区环境设计作品。例如,通过引入新的设计理念、运用先进的技术手段等方式,实现高铁元素与公共区环境的深度融合,打造出具有独特魅力的建筑公共区环境。

这 5 个原则相互关联、相互补充(图 6-15)。通过遵循这些原则,我们可以打造出既美观又实用的建筑公共区环境,为人们提供更加舒适、便捷的生活体验。

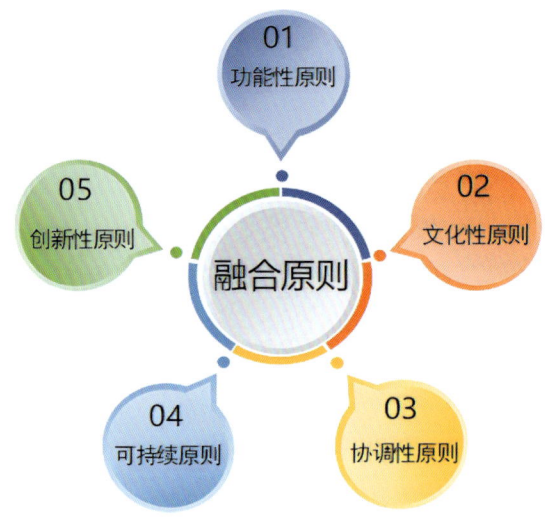

图 6-15　高铁元素融合建筑公共区环境五大原则

6.3.2　融合过程

高铁文化元素与建筑公共区环境融合的目的在于创建一个文化气息浓厚、特色鲜明、宜居、安全、社交友好且可持续发展的居住环境。通过系统性的元素提炼与融合,为居民提供更好的生活体验,同时兼顾文化、环境和经济的可持续性。具体融合过程如图 6-16 所示。

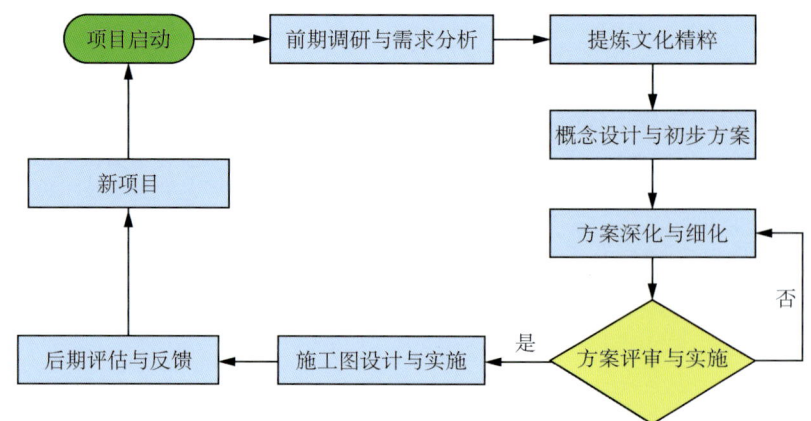

图 6-16　高铁文化元素与建筑公共区环境融合过程

(1) 前期调研与需求分析。这阶段的主要任务是对高铁文化元素进行深入挖掘，理解其背后的历史、技术、审美等内涵，同时分析建筑公共区环境的特点、需求和使用人群，从而确定设计的核心目标。通过对比分析，找出高铁文化元素与建筑公共区环境之间的潜在联系和契合点。

(2) 提炼文化精髓。从高铁文化中提炼出最具代表性和特色的元素，如高铁车身的流线型造型、现代感的色彩、科技感的材质等，考虑将这些元素与公共区环境的空间布局、功能分区、景观设置等相结合。

(3) 设计概念与初步方案。结合项目所在地的地域文化、高铁文化及建筑公共区环境的特点，构思设计概念和制订具体的规划设计方案，并进行初步设计。具体内容包括空间布局的优化、景观设计的创新、公共设施的设计等。在设计过程中，要注重高铁文化元素的视觉表达和空间营造，同时也要满足公共区环境的功能需求，使二者形成和谐的统一。

(4) 方案深化与细化。对初步方案进行深化设计，即细化各个设计元素的具体表现形式和细节处理，具体包括空间布局、色彩搭配、材质选择、景观设置等方面。同时，在方案深化过程中，也要考虑到公共区环境的实用性和舒适性。只有通过不断调整和优化设计方案，才能使其既体现出高铁文化的内涵，又满足公共区环境的使用需求。

(5) 方案评审与实施。组织专家和相关人员进行方案评审，并收集反馈意见和建议。根据评审结果对方案进行修改和完善，以确保设计方案的合理性和可行性。

(6) 施工图设计与实施。完成施工图设计，明确各个设计元素的具体位置和尺寸，同时，在施工过程中，确保施工团队对设计方案的理解和执行准确无误，从而实现高铁文化元素与建筑公共区环境的融合。

(7) 后期评估与反馈。在项目完成后进行后期评估，以了解高铁文化元素在公共区环境中的实际表现效果。采用问卷调查方式收集使用者的反馈意见（表6-1），并对问卷结果进行分析（图6-17），以便更加全面地了解人们对社区公共空间环境的使用体验和需求，也为后续项目的设计和改进提供参考。

通过以上步骤，可将高铁文化元素有机地融入建筑公共区环境设计中，从而营造出既具有现代感又充满文化气息的公共空间氛围。

表6-1 社区公共空间环境评价标准

评价标准	内容
文化表达与识别	高铁文化元素是否显著突出，能否被公众快速识别并与高铁文化联系起来；这些元素是否有效地传达了高铁文化的核心价值、历史背景和技术特点
环境融合与协调性	高铁文化元素与公共区环境的融合是否合理，使用的色彩和材质是否与环境整体风格相协调
实用性与功能性	融合了高铁文化元素的公共设施是否方便使用，是否满足人们的实际需求，是否提升了公共区环境的舒适性
审美价值与艺术感	高铁文化元素在公共区环境中的呈现是否具有视觉美感，这些元素的设计是否富有创新性，能否为公共区环境增添艺术气息

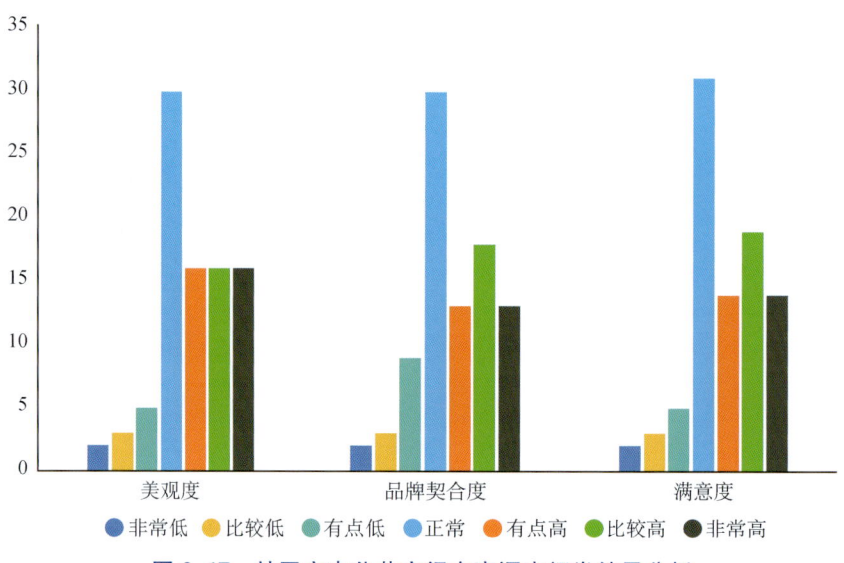

图 6-17 社区室内公共空间方案调查问卷结果分析

6.4 高铁元素融合上铁地产建筑公共区环境实践

6.4.1 融合背景

作为致力于勇当服务和支撑中国式现代化建设的"火车头"企业,上铁地产置业公司以凝练高铁文化作为核心内涵标签的产品线为首要任务,并进行了长期探索。2017年以前,上铁房地产公司对于项目的建筑公区环境系统的应用只做了最基础的标准化处理,未形成系统的设计风格。2019年,产品线以 Art-Deco 风格(图 6-18)和新亚洲风格为主导。2020年,高铁文化元素的提炼与设计才在新方案中有所体现,并逐渐形成了新古典风格(图 6-19)与重塑的新亚洲风格。但如何在建筑公区环境中融入高铁文化元素,尚缺乏整体性、系统性研究,使企业形象与企业文化的辨识度仍然较弱。

(a) 室内空间

(b) 入口空间

图 6-18　建筑公共区环境 Art-Deco 风格设计方案

(a) 室内空间

(b) 入口空间

图 6-19　建筑公共区环境新古典风格设计方案

为了更深入地解析高铁文化元素，并推动其与产品线项目建筑公共区环境的深度融合，上铁地产置业公司在南京"淮风晓月"、连云港"叶海华庭"等项目建设中，与国内高校、研究机构开展了深入合作，共同推动高铁文化与地产产品的融合发展。

6.4.2 融合实践

1. 小区大门——以上铁地产连云港"叶海华庭"、南京"淮风晓月"项目为例

在 2023 年之前，上铁房地产公司各项目的小区大门均遵循了 2017 年推出的《建设工程标准化图集》中的标准化建设要求，大多选用 Art-Deco 风格方案，实景图如图 6-20—图 6-22 所示。这种做法虽有助于提高建设效率，降低成本，但也带来了一定的挑战，即项目在设计上缺乏独特的文化内涵和个性，不利于提升项目的品质和竞争力。

图 6-20　小区大门（上铁地产上海"石川春晓"项目）

图 6-21　小区大门（上铁地产长兴"江锦云庐"项目）

图 6-22　小区大门（上铁地产上海"石龙春晓"项目）

自 2023 年之后，上铁地产置业公司在连云港"叶海华庭"、南京"淮风晓月"等项目中开始注重入口空间与小区大门设计的文化内涵，尤其注重高铁文化的融入，基于传统韵味与现代风格的结合，融入高铁文化元素，对小区大门进行了全新的风格及样式营造。

1）方案推导

（1）高铁元素提炼

提取"复兴号"列车车身及轨道的流线型轮廓作为小区大门立面的主要设计元素（图 6-23），通过简约而富有张力的线条勾勒出大门的主体结构。在追求文化内涵的同时，强调简洁、流畅的线条。这种设计既体现了现代交通的动感与速度感，又因与传统建筑元素相融合，从而形成了独特的视觉效果。设计方案在上铁地产连云港"叶海华庭"项目中得到完美呈现（图 6-24）。

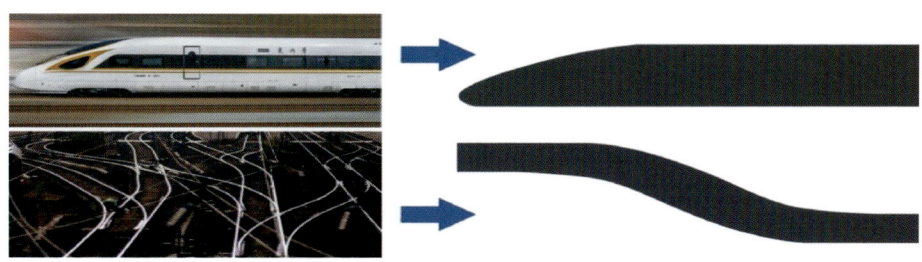

图 6-23　小区大门设计元素提炼

图 6-24　上铁地产连云港"叶海华庭"项目小区大门设计方案

（2）传统韵味与现代风格的融合

以上铁地产南京"淮风晓月"项目的入口空间与小区大门设计为代表，打造兼具现代审美与传统韵味的标志性空间。该项目的入口空间采用对称式布局，营造出庄重而和谐的氛围；同时，通过合理的空间划分和流线设计，确保人流、车流的顺畅通行，同时兼顾景观观赏的需求，如图 6-25 所示。

图 6-25　上铁地产南京"淮风晓月"项目小区大门设计方案

小区大门采用现代简约风格，摒弃烦琐的装饰，以简洁的线条和几何形状构成主体结构，其材料使用灰白花岗岩、古铜色铝格栅及铝板，通过材料的质感和色彩的搭配，展现出一种既现代又富有历史厚重感的形象，同时，通过融入檐口等传统建筑元素，使大门既具有现代感又不失传统韵味。另外，小区大门两侧各设置一尊巨型花钵来进一步提升了入口空间的品质和文化内涵，这也是设计的点睛之笔。

（3）材质与色彩

在材质方面选择极具现代感的材料，如玻璃、金属、花岗岩等，在保证耐用美观的同时，赋予入口空间灵动的空间感与流线型的质感。在色彩搭配上，选择与"复兴号"类似的银灰和灰白作为主色调，使用咖啡色作为辅助色，用于门框、装饰线条等细节部分，以增加层次感；同时，典雅的咖啡色为大门又增添了一份温馨与高贵感。合理的色彩搭配与巧妙的设计，打造出一座既现代又典雅的小区大门，为整个项目增添了一份独特的魅力。

2）方案落地实例

方案在上铁地产南京"淮风晓月"和连云港"叶海华庭"项目中成功落地，如图 6-26、图 6-27 所示，彰显了上铁地产置业公司对于品牌特色和文化内涵的深入挖掘与精准表达。新落成的小区大门不仅与项目整体风格相协调，还通过独特的创意和细节处理，让人们在第一时间就能感受到项目所蕴含的独特魅力。

图 6-26　上铁地产南京"淮风晓月"项目小区大门实景图

图 6-27　上铁地产连云港"叶海华庭"项目小区大门实景图

2. 单元入户门头——以上铁地产南京"淮风晓月"、连云港"叶海华庭"项目为例

单元入户门头作为入户空间的"门面",其造型和风格应体现出项目的整体气质,同时,材质与色彩的选择也应与整体建筑风格相呼应。2023年之前的项目其入户门头与小区大门一样多选用Art-Deco风格,如图6-28—图6-30所示。这同样影响了项目整体的文化内涵和个性塑造,也不利于提升项目的品质和竞争力。

图6-28 单元入户门头(上铁地产上海"石川春晓"项目)

图6-29 单元入户门头(上铁地产上海"石龙春晓"项目)

图6-30 单元入户门头(上铁地产金华"江枫雅苑"项目)

1) 方案推导

(1) 传统元素与现代设计的融合

上铁地产南京"淮风晓月"项目的单元入户门头为现代简约的中式风格,其建筑形象简洁明快,精致而典雅,富有时代气息(图6-31)。

连云港"叶海华庭"项目的单元入户门头为新中式风格,汲取了中国传统建筑对称的布局以及富有韵律感的线条,同时还借鉴了现代建筑的简约、实用和时尚的特点,使得整个建

筑既具有古典韵味，又不失现代活力，如图6-32所示。

图6-31　上铁地产南京"淮风晓月"项目单元入户门头设计方案

图6-32　上铁地产连云港"叶海华庭"项目单元入户门头设计方案

这两个项目都通过融合传统元素与现代语言来营造特定的空间氛围，传达出传统文化的魅力和现代风格的独特意境。

（2）材质与色彩

上铁地产南京"淮风晓月"项目的单元入户门头以中性色为主，辅以传统的深咖色，这种色彩搭配既保留了传统色彩的雅致，又融入了现代色彩的低调，不仅提升了单元入户门头的现代感，也使其更符合现代的审美需求。

上铁地产连云港"叶海华庭"项目的新中式单元入户门头在色彩运用上注重和谐统一，以浅咖色墙面搭配深咖色门窗，营造出一种优雅、温馨的氛围；材质上则选用具有自然纹理的木材、石材等，与色彩相互呼应，共同塑造出中式风格的独特魅力。

这两个项目的单元入户门头与建筑整体风格相适宜，在材料的选择上都采用了玻璃、金属与石材等，实现了现代与传统的完美融合。这种材料搭配不仅使得单元入户门头在视觉上更加丰富与层次化，同时也提升了其实用性和耐久性。

2)方案落地实例

单元入户门头方案在上铁地产南京"淮风晓月"、连云港"叶海华庭"项目中成功落地,展现出独特的设计魅力和实用性,如图6-33、图6-34所示。这两个项目中的单元入户门头设计既体现了传统元素的雅致,又融入了现代色彩的低调,整体上提升了小区建筑公共区环境的文化内涵。

图6-33　上铁地产南京"淮风晓月"项目单元入户门头实景图

图6-34　上铁地产连云港"叶海华庭"项目单元入户门头实景图

3. 小区入户双大堂——以上铁地产南京"淮风晓月"、连云港"叶海华庭"项目为例

小区入户空间的双大堂设计是提升居住品质和居住体验的重要元素。这种设计不仅注重实用性和功能性,还强调美观和舒适度,为居民打造了一个温馨、便捷且充满归属感的空间环境。

在2023年之前的上铁房地产公司项目中,小区入户大堂设计尚未普及双大堂的概念,且内装多采用欧式古典主义风格或Art-Deco风格(图6-35)。从2023年开始,双大堂设计理念才在金华"江枫雅苑"(图6-36)和上海"石龙春晓"等项目中逐步得到了体现。这一创新理念的引入,无疑为房地产市场带来了新的活力。尽管在初期实践中,这些项目在品质上和文化内涵的建构上略显不足,但也为后续项目提供了宝贵的经验和教训。

2023年,上铁地产置业公司在南京"淮风晓月"、连云港"叶海华庭"两个项目中采用了更加成熟的双大堂设计理念,并按照星级酒店标准进行建设。这一策略的实施,不仅有效地提升了项目的品质和整体形象,更使企业赢得了良好的市场口碑。

图6-35　上铁地产长兴"江锦云庐"项目大堂实景图

图6-36　上铁地产金华"江枫雅苑"项目小区双大堂实景图

1)方案推导

(1)高铁元素融合

上铁地产南京"淮风晓月"、连云港"叶海华庭"两个项目的双大堂设计是项目的亮点之一,在楼栋每个单元一层及地下一层均设有独立的接待大堂。首层入户大堂与地库入户大堂的装修采用了现代简约风格。设计均通过艺术手法将高铁车身、轮、轨等元素进行意象化抽离(图6-37、图6-38),再将其转化为装饰性线条符号应用于地面铺设、吊灯与壁灯样式及立面金属格栅的装饰中。这种处理方式不仅将高铁文化隐喻地融入大堂的界面细节中,更与整体的现代风格相得益彰,形成了完美的统一。

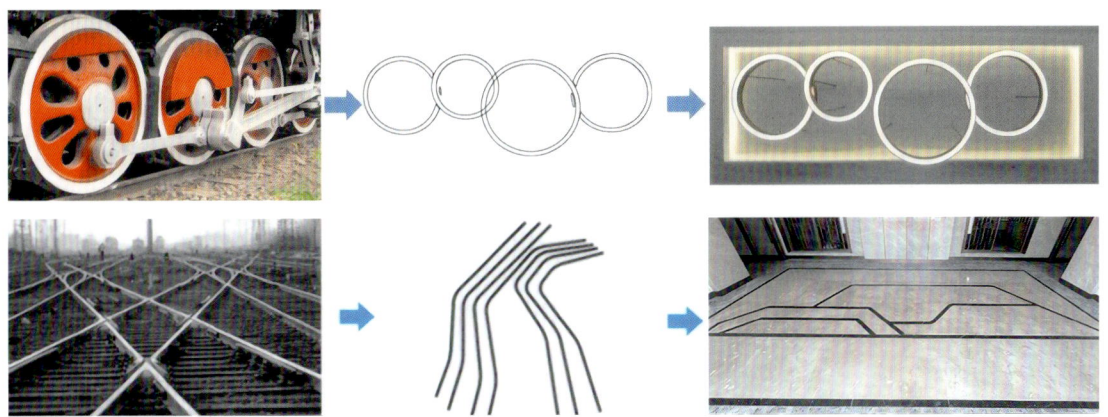

图6-37 首层入户大堂空间高铁元素的提炼与融合

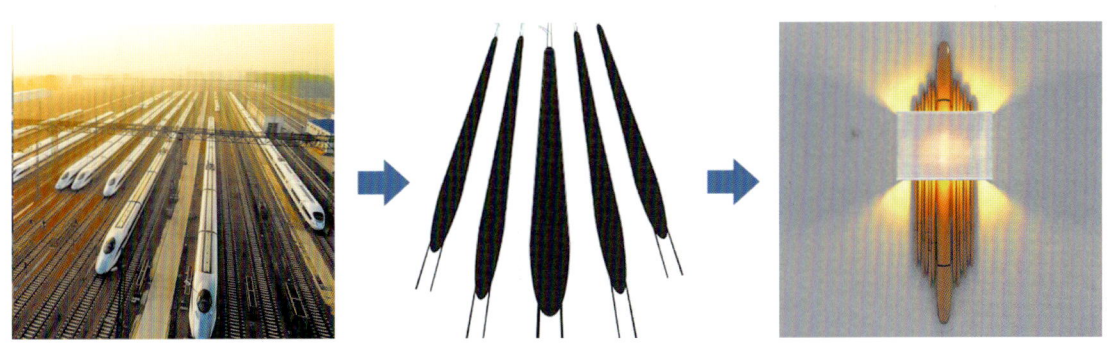

图6-38 地库入户大堂空间高铁元素的提炼与融合

(2) 材料与装饰设计

如图6-39、图6-40所示,上铁地产南京"淮风晓月"项目的首层入户大堂与地库入户大堂的设计较为考究,均为现代简约中式风格的精致内装,在材料与装饰方面,选择大理石、玻璃、不锈钢等现代感较强的材料,注重线条的流畅感、材料的质感及间接灯光的运用,使整个空间显得宽敞、明亮,给人以简洁、高雅的感觉;同时,在界面的交接等细节处点缀一些木材、皮革等材质,使空间更加柔和、舒适。在地库入户大厅的正立面,一幅巨幅色彩古典的淡雅主题壁画映入眼帘,它不仅仅是装饰,更是对秦淮文化的生动诠释。融入高铁元素的地面波导线、入口壁灯与壁画相互呼应,使得整个空间焕发出深厚的文化内涵,给予业主最美好、最尊贵的生活礼遇。

图 6-39　上铁地产南京"淮风晓月"项目首层入户大堂设计方案

图 6-40　上铁地产南京"淮风晓月"项目地库入户大堂设计方案

上铁地产连云港"叶海华庭"项目地库入户大堂的入口立面根据所处空间位置的不同分别设计了2立柱和4立柱两个样式,如图6-41所示。在较小的空间或入口区域,采用2立柱样式营造出一种简约而精致的氛围,而在较大的空间或需要更强支撑力的区域,采用4

图 6-41　上铁地产连云港"叶海华庭"项目地库入户大堂门头设计方案

立柱设计。立面材质运用石材、金属和玻璃的结合,既体现了现代建筑的简约与时尚,又展现了传统工艺的精湛与细腻,更加凸显了尊贵的气度和高品质的格调。

上铁地产连云港"叶海华庭"项目的首层入户大堂设计如图6-42所示。双大堂设计为住户和访客提供了空间享受与功能体验,不仅满足了现代人对高品质生活的追求,更体现了上铁地产人对于细节和品质的极致追求。

图6-42　上铁地产连云港"叶海华庭"项目首层入户大堂设计方案

2) 方案落地实例

双大堂方案在上铁地产南京"淮风晓月"、连云港"叶海华庭"两个项目中成功落地,不仅提升了项目的整体品质和价值,也为业主提供了一个更加舒适、便捷的居住环境,如图6-43—图6-46所示。

图6-43　上铁地产南京"淮风晓月"项目首层入户大堂实景图

图 6-44　上铁地产南京"淮风晓月"项目地库大堂入口实景图

图 6-45　上铁地产连云港"叶海华庭"项目首层入户大堂实景图

图 6-46　上铁地产连云港"叶海华庭"项目地库入户大堂门头实景图

4. 地下车库入口空间及雨棚设计——以上铁地产连云港"叶海华庭"项目为例

地下车库入口空间及雨棚设计在车库设计中占据着举足轻重的地位。它们不仅是车库与外部环境的过渡空间，更是展现小区整体设计理念和品质的重要窗口。在上铁地产连云港"叶海华庭"项目之前的众多项目中，地下车库入口空间及雨棚设计较为注重便捷性和实用性，但却存在与小区整体环境不协调及文化内涵融入较为欠缺等问题，如图6-47—图6-49所示。

图6-47　上铁地产合肥"高铁花园"项目地下车库入口空间及雨棚实景图

图6-48　上铁地产上海"石泉春晓"项目地下车库入口空间及雨棚实景图

图6-49　上铁地产南京"月和园"项目地下车库入口空间及雨棚实景图

针对这些问题，上铁地产置业公司在连云港"叶海华庭"项目的地下车库入口空间及雨棚的设计中，秉承精益求精的理念，对原有设计进行了全面且细致的改进，力求为住户打造安全、舒适、便捷且蕴含文化内涵的停车环境。

1）核心特点和元素表达

（1）高铁元素融合

地下车库入口雨棚侧立面造型的设计灵感源自高铁列车序列组合，即把列车的排列方式通过抽象化的手法转化为线条与几何形状的组合，从而形成顶棚侧立面深咖色不锈钢格栅造型，巧妙地展现出高铁的运动感和速度感（图6-50）。通过将高铁元素融入雨棚设计，不仅增加了视觉冲击力，使得整个入口空间更加引人注目，同时也与地下车库的交通功能相呼应,强调了项目的现代交通特色。

图 6-50　地下车库入口雨棚高铁元素的提炼与融合

(2) 色彩与材料的应用

地下车库入口雨棚设计,以简洁的线条和几何形状构成主体结构,体现现代简约风格。另外,材料使用灰白花岗岩、深咖色不锈钢格栅及铝板,通过材料的质感和色彩的搭配,给人一种既现代简约又不失庄重的感觉。同时,在雨棚檐口融入中式传统建筑元素,使得入口空间既具有现代感又不失传统韵味,与项目整体风格相得益彰,如图 6-51、图 6-52 所示。

图 6-51　地下车库入口雨棚效果图一

图 6-52　地下车库出入口雨棚效果图二

2）方案落地实例

该设计方案在上铁地产连云港"叶海华庭"项目中成功落地（图6-53），不仅提升了项目的整体品质和价值，也为行业树立了新的标杆和典范。

图6-53　上铁地产连云港"叶海华庭"项目地下车库出入口雨棚实景图

6.4.3　最终成果融合呈现

建筑公共区环境系列方案的最终成果融合呈现如图6-54—图6-56所示。建筑公共区环境系列方案充分体现了建筑环境学的深刻实践。在公共空间构建中综合考虑了多元设计元素与细节的协调统一，旨在营造既舒适便捷、又富有特色的环境。这种环境营造不仅满足了人们的功能性需求，同时也充分考虑了人们的心理感受和审美需求。

在上铁地产置业公司开发的系列项目中，公共区环境设计与高铁文化元素的融合堪称典范。这种融合不仅确保了设计方案的连贯性和实用性，更在视觉上呈现出一定的美学价值。通过高品质的落地实施，这些设计成果不仅显著提升了项目的文化内涵，也大大提高了企业的市场竞争力，无论从功能性、舒适性还是美观性方面，都达到了相当高的水准。公共区环境的系列融合设计方案是对高铁文化元素融合建筑环境设计理论的有力验证，同时也为未来的设计实践提供了宝贵的参考。

匠心设计 至微体验——建筑公共区环境

大门篇

元素融合过程

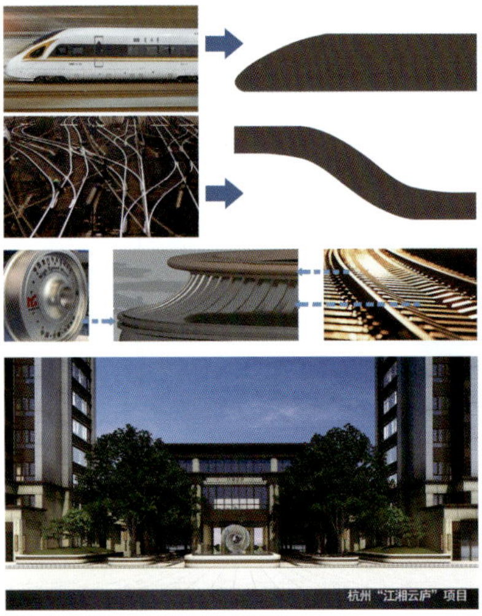

设计说明

小区大门采用现代简约风格,摒弃烦琐的装饰,以简洁的线条和几何形状构成主体结构,其材料使用灰白花岗岩、古铜色铝格栅及铝板,通过材料的质感和色彩搭配,展现出一种既现代又富有历史厚重感的形象,同时,通过融入檐口等传统建筑元素,使大门既具有现代感又不失传统韵味。另外,小区大门两侧各设置一尊巨型花钵来进一步提升了入口空间的品质和文化内涵,这也是设计的点睛之笔。

最终方案应用实景

图 6-54 "大门篇"成果融合呈现

第6章 匠心设计 至微体验——建筑公共区环境

图 6-55 "双大堂篇"成果融合呈现

高铁文化元素融合与实践——上铁地产企业形象与产品线创新

匠心设计 至微体验——建筑公共区环境

地库雨棚篇

元素融合过程

设计说明

地下车库入口雨棚设计,以简洁的线条和几何形状构成主体结构,形成现代简约风格,材料使用灰白花岗岩、深咖色不锈钢格栅及铝板,通过材料的质感和色彩的搭配,营造出一种既现代简约又不失庄重的入口雨棚形象。同时,雨棚檐口融入中式传统建筑元素,使得入口空间既具有现代感又不失传统韵味,与项目整体风格相得益彰。地下车库出入口雨棚侧立面构成以高铁列车序列组合为灵感,把列车的排列方式通过抽象化的手法,转化线条与几何形状的组合,形成顶棚侧立面深咖色不锈钢格栅造型元素,巧妙地展现出高铁的运动感和速度感。通过将高铁元素融入雨棚设计,不仅增加了视觉冲击,使得整个入口空间更加引人注目,同时也与地下车库的交通功能相呼应,强调了项目的现代交通特色。

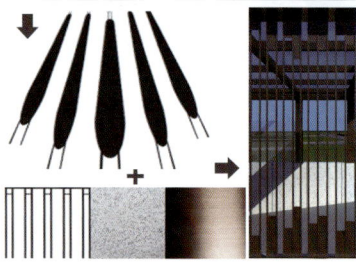

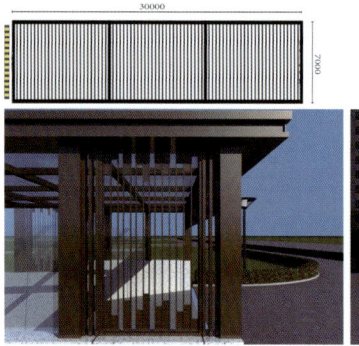

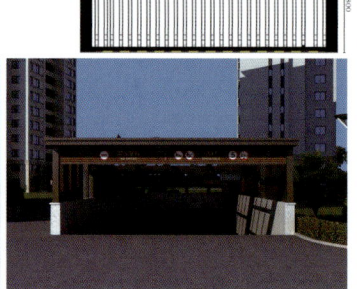

最终方案应用实景

连云港"叶海华庭"项目

图 6-56 "地库雨棚篇"成果融合呈现

结 语

——立足现在　展望未来

1. 铁路之韵,地产华章

在历史的浩瀚长河中,每一个标志性的时刻都如璀璨的星辰,闪耀着独特的光芒。2023年对于上海铁路地产置业集团有限公司(以下简称公司)而言,无疑是一个闪耀的年份。这一年,公司迎来了它三十岁的生日,这不仅是一个时间节点,更是一个历史的里程碑。三十年风雨兼程,公司从初创时期的摸索与试错,到今日的成熟与稳健,每一步都凝聚着无数员工的智慧和汗水。这一年,公司落实中国铁路上海局集团有限公司(以下简称集团公司)决策部署,聚焦公司"转型发展落实年"主线,以更高的政治站位、更加饱满的工作热情,实现"高铁品质、焕新城市"品牌核心价值,加快推进由开发为主向"开发、运营、服务"并重的转型,从"房地产开发企业"向"城市综合运营服务商"转变。站在新的历史起点上,公司意气风发地迈上了"二次创业"的新征程。这不仅是公司发展的必然选择,更是对过去辉煌成就的延续和升华。

回顾公司的发展历程,每一步坚实的足迹,深深地印在时代的土地上,体现着公司员工们壮志凌云的豪情。在这个特殊的时刻,我们不禁为公司的辉煌成就感到自豪,也期待它在未来的日子里,继续书写更加壮丽的篇章。

1993年,公司应运而生,成为集团公司下属唯一专业从事房地产开发的直属非运输企业。自成立以来,公司坚持"项目为王、效益优先"的经营理念,深耕区域市场,积极探索铁路土地综合开发的多元化路径。从最初的职工保障房建设,到后来的商品房项目开发,再到资产运营和物业服务,公司不断拓展业务领域,形成了完整的产业链。

在过去的三十年里,上铁地产人用心血和汗水谱写了一篇篇壮丽的华章。公司成功开发了南京"淮风晓月"项目,这是全路范围内真正意义上贯彻国发〔2013〕33号和国办发〔2014〕37号文件落地的土地综合开发示范项目,在南京与上海局集团公司路地双方的共同推进下,开创性实施了一二级联动开发,实现了盘活铁路既有土地资源和推动片区升级城市更新的综合效益最大化。此外,杭州西站雨棚上盖开发项目更是深度践行"集约节约"利用土地要求,创新铁路土地综合开发,是浙江省人民政府和中国国家铁路集团有限公司实现"路地合作"的全国首个新建高铁站TOD上盖开发项目,实现了车站交通功能与城市功能的有机结合,使杭州西站成为中国首个"站城融合"的现代铁路客站。

每一个项目的成功都离不开上铁地产人的匠心独运和精益求精。公司秉承"高铁品质、焕新城市"的品牌核心价值,以孤篇盖全唐的《春江花月夜》冠名各大城市项目。将盛唐名篇中的恬静、幽美、诗画气质融入建筑,彰显了公司的匠心品质和极致追求。

在过去的岁月里，公司也经历了无数的风雨和挑战。但是，无论面对怎样的困难和挫折，上铁地产人始终保持着不畏困难、锐意进取的奋斗韧劲，以坚定的信念和过硬的作风赢得了市场的尊重和客户的信赖。

2. 红色基因，铁路情怀

企业文化作为企业的灵魂和基石，是企业持续发展的内在动力。公司在长期的探索与发展过程中，逐渐形成了独特而积淀深厚的企业文化。这种文化不仅承载着百年铁路的历史传承，展现了铁路精神的稳健与务实，更是在房地产行业的激荡变革中注入了创新与进取的"基因"。

公司的企业文化意蕴深厚。其中"红色基因"与"铁路情怀"占据核心地位。公司深植铁路传统，不仅是对过往的铭记，更是对未来的承诺。始终坚持党的领导和加强党的建设，确保企业发展的正确方向。

公司的企业文化是公司发展历程中的智慧结晶和深刻提炼。它引领着企业在复杂多变的市场环境中保持清晰的战略定力，实现持续稳健的发展。同时，这种文化也激励着公司的员工们以更加饱满的热情和更加专业的素养，投身于公司的各项事业中，为企业的繁荣发展贡献自己的力量。

在企业文化的影响下，公司不仅在业务领域取得了显著的成绩，更在社会责任和品牌建设等方面拥有出色的表现。企业文化的深入人心和广泛传播，为公司的未来发展奠定了坚实基础，也为整个行业的进步贡献了积极力量。

"匠心、诚信、担当、超越"是公司的企业精神。这种精神体现在公司的每一个决策、每一个项目、每一个细节之中。公司注重培养员工的工匠精神和责任意识，鼓励员工在工作中不断创新、追求卓越。同时，公司还注重诚信经营、合作共赢的理念，与合作伙伴建立了长期稳定的合作关系。

"红色基因"不仅贯穿于公司的战略决策和日常管理，更深深地烙印在全体员工的心中。为了进一步强化员工的归属感和凝聚力，公司精心策划了各类文体活动，旨在促进员工间的交流与合作，营造和谐融洽的工作氛围。此外，公司还注重员工思想政治教育，确保员工能深刻理解企业的历史使命和社会责任。通过这些举措，公司成功打造了一个积极向上、团结协作的工作环境，为公司的持续健康发展注入了源源不断的活力。

公司在项目开发过程中，注重将企业文化与产品线相融合，深入挖掘高铁文化的丰富内涵，并将其巧妙地融入品牌理念、市场定位和建筑风格等多个方面。这种融合不仅使得公司的产品独具特色，更是赋予了品牌深厚的文化底蕴。通过融合创新，公司成功打造了一系列具有高铁品质的高端人居典范项目。这些项目在设计上独具匠心，在追求卓越的居住体验的同时，为业主提供了更加优质、舒适的居住环境。

公司不仅将高铁文化融入项目开发中，更将这种文化理念贯穿于企业的日常管理和服务中。这种全方位的融合使得公司开发的项目不仅在物质层面上满足了业主的需求，还在精神层面上与业主产生了共鸣。而这种共鸣不仅提升了公司的品牌影响力，也为公司赢得了广泛的市场认可和良好口碑。

3. 筑梦未来，砥砺前行

站在新的历史起点上，公司将继续高举习近平新时代中国特色社会主义思想伟大旗帜，深入学习贯彻落实党的二十大精神，认真落实集团公司决策部署，凝心聚力谋发展，改革攻坚展作为。

展望未来，公司将紧跟市场趋势，不断创新体制机制，健全产业链，释放活力激发动力。同时，继续深化改革转型，试点薪酬激励机制，推进项目自销团队建设，以提升企业的核心竞争力和市场影响力。

在产品方面，公司将继续致力于打造人文宜居典范。以"高铁品质、焕新城市"为引领，让"春、江、花、月、叶"产品线在祖国大地上如春水盛展、如夏花璀璨，再现盛唐名篇中的诗画意蕴。坚持品质和创新的双重驱动，从品牌理念、定位、风格、核心价值和愿景等多维度，深入挖掘和研究高铁文化内涵及价值，将其与产品线进行有机融合和创新，打造具有高铁品质的高端人居典范，回应市场和客户的期待。

在形象塑造方面，公司将积极探索和实践"高铁文化与产品线融合创新"的发展途径，通过全面梳理和整合优化，形成统一而鲜明的企业形象和品牌定位，同时，加强主题性雕塑等文化元素的融入与呈现，营造出独具特色的文化氛围和空间感受。此外，还将通过加大与用户沟通交流的力度，倾听用户声音并持续改进提升服务品质水平等措施，进一步增强用户黏性和忠诚度。

在战略层面，公司将积极响应国家战略和市场需求变化，不断拓展业务领域并寻求新的增长点。一方面继续深耕区域市场，巩固提升在江浙沪皖等地区的市场地位；另一方面积极开拓新兴市场，探索多元化发展路径，寻求战略合作机会。同时，还将通过加强与国际先进企业的交流合作，引进先进技术和管理经验，进一步提升自身综合实力水平。

承高铁之蕴，宏明日之光，壮山河之色。在未来的发展中，公司将聚焦打造铁路特色的城市综合运营服务商战略目标，弘扬企业精神，以更加开放的姿态和更加务实的作风，携手共进，为中国铁路事业和房地产行业的发展作出新的更大的贡献！

参 考 文 献

[1] 纪书景.高速铁路概论[M].2版.上海:上海交通大学出版社,2022.
[2] 雷风行.中国速度:高速铁路发展之路[M].北京:五洲传播出版社,2013.
[3] 左辅强,沈中伟.高铁时代[M].北京:科学出版社,2012.
[4] 胡启洲,李香红,曲思源.高铁简史[M].成都:西南交通大学出版社,2018.
[5] 曲星.中国高铁:风驰电掣领跑全球[J].党史文汇,2019(11):19-25.
[6] 丁叁叁,陈大伟,刘加利.中国高速列车研发与展望[J].力学学报,2021,53(1):35-50.
[7] 冯夏.基于CIS理论的中国国家形象塑造[D].南京:南京师范大学,2017.
[8] 李毅.视觉传达中的企业形象设计:CIS的深层揭示[M].北京:机械工业出版社,2012.
[9] 朱健强.企业CI战略[M].厦门:厦门大学出版社,1999.
[10] 孙贵丽.现代企业发展与经济管理创新策略[M].长春:吉林科学技术出版社,2022.
[11] 易晓芳,陈洪权.企业文化管理[M].武汉:华中科技大学出版社,2016.
[12] 季峰.中国城市雕塑:语义、语境及当代内涵[M].南京:东南大学出版社,2009.
[13] 蔺宝钢.城市雕塑设计方法论[M].北京:中国建筑工业出版社,2016.
[14] 陈辉.环境雕塑[M].北京:清华大学出版社,2007.
[15] 程红璞,徐玉玲.城市景观雕塑设计[M].北京:清华大学出版社,2016.
[16] 徐红蕾,屈媛.环境导视设计[M].武汉:华中科技大学出版社,2018.
[17] 肖勇,崔方健.导视设计[M].武汉:湖北美术出版社,2010.
[18] 杨明洁,吴佳青.公共设施与导向系统设计[M].杭州:浙江人民美术出版社,2009.
[19] 唐茜,康琳英,乔春梅.景观小品设计[M].武汉:华中科技大学出版社,2017.
[20] 吴卫光.城市环境设施设计[M].上海:上海人民美术出版社,2017.
[21] 刘冬梅.园林景观小品设计与施工实例[M].哈尔滨:东北林业大学出版社,2008.
[22] 王晓晓.景观小品设计[M].重庆:重庆大学出版社,2020.
[23] 徐益.上铁地产品牌建设探讨[J].合作经济与科技,2018(14):96-98.
[24] 赵肖丹.居住区环境设计[M].北京:中国建筑工业出版社,2018.
[25] 王承慧.转型背景下城市新区居住空间规划研究[M].南京:东南大学出版社,2011.
[26] 乔继敏.城市居住环境艺术设计研究[M].北京:光明日报出版社,2016.